武夷山居录

舒放 著

电子工业出版社
Publishing House of Electronics Industry
北京·BEIJING

未经许可，不得以任何方式复制或抄袭本书之部分或全部内容。
版权所有，侵权必究。

图书在版编目（CIP）数据

武夷山居录 / 舒放著. — 北京：电子工业出版社，2023.10
ISBN 978-7-121-46408-9

Ⅰ．①武… Ⅱ．①舒… Ⅲ．①武夷山－介绍 Ⅳ．①K928.3

中国国家版本馆CIP数据核字(2023)第184392号

责任编辑：白　兰
印　　刷：中国电影出版社印刷厂
装　　订：中国电影出版社印刷厂
出版发行：电子工业出版社
　　　　　北京市海淀区万寿路173信箱　　邮编：100036
开　　本：880×1230　1/32　　印张：12　　字数：278千字
版　　次：2023年10月第1版
印　　次：2023年10月第1次印刷
定　　价：88.00元

凡所购买电子工业出版社图书有缺损问题，请向购买书店调换。若书店售缺，请与本社发行部联系，联系及邮购电话：（010）88254888，88258888。
质量投诉请发邮件至zlts@phei.com.cn，盗版侵权举报请发邮件至dbqq@phei.com.cn。
本书咨询电邮：bailan@phei.com.cn 咨询电话：（010）68250802

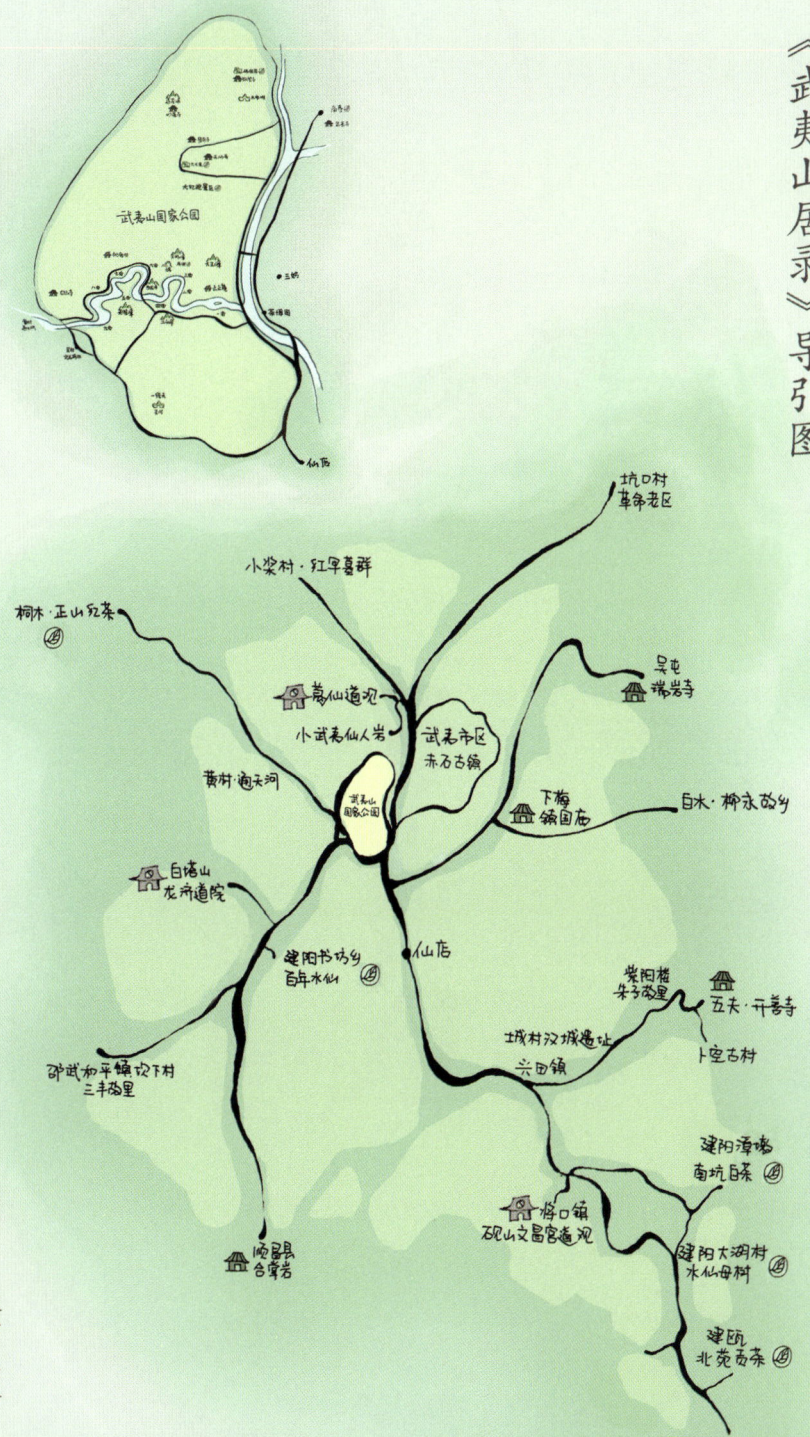

前 言

玩乐有方。

爱玩还得会玩,有方就是得法。武夷山就是那玩乐的一方天地。

玩乐山水间

人生不过百年。孔子说:"三十而立"。人到三十,知道干什么,专注于职场拼搏;"五十知天命",知道自己不干什么,倾心于游山玩水,遍访祖国大好河山,追溯中国文化源头,寻迹泉茶寺观,周游各地,走马看花,为退休后找到能持久的爱好和能长居的圣地;"六十耳顺",心智提升,有容乃大,顺天命,归自然,且向山水寻清音,达到"七十而从心所欲,不逾矩"的境界。

经历了知识青年和工农兵学员的时代历练,毕业后回到中国科学院。改革开放初期"下海",在英美外企工作多年。年过半百,人生的机遇使我得以从繁忙的商务中解脱出来,从以工作为主顺便玩玩,到以玩为主顺便工作。在世界各地看过很多美景,美得让人陶醉,景色越看越多,感动却越来越少,直到遇见梅里雪山。清晨,太阳从远方走来,慢慢地驱散夜幕,晨曦中逐渐显现的卡瓦格博峰,雪白而神圣。忽然,太阳从地平线跳出来,霞光初现,为峰顶抹上一缕鲜红,继而又将峰峦染成一片金黄。太阳的脚步匆匆走来又匆匆走过,一切复归于平静,山峰复归于纯洁的雪白。初见时,山是雪山,再见时,山是神山,又见时,山还是山。但这瞬时的变幻,这无与伦比的心灵震撼,仿佛在催促我上路,开始寻访自然之灵的行脚。

游山玩水，访古问茶。游走于青山绿水，游历在文化古迹，玩耍于茶山古道，玩味在庙宇道观。留三四张观景影像，抹一两幅墨笔涂鸦，所得文字，记于现场，所得感悟，写于归途。十年游历，集腋成裘，在耳顺之年就有了一本闲书《访古问茶》。

虽是在欧美文化氛围中工作多年的"理工男"，但是在多年中西山水的游历中愈发喜爱中国文化。在山水之中自悟缘觉，喜游玩，乐岩茶。耳顺之前，以云游去发现，乘物以游心。耳顺之后，以水墨去感悟，借书以存意，景可观而字可想。水墨香茶，吾之最爱。墨色可书，茶汤亦可书。水行墨动，于无墨处体道意；水送茶香，于无香处悟妙境。书画的灵动在笔墨未到的留白处，令人遐想不尽；茶香的妙韵在回甘的余味中，令人回味无穷。

丛林以无事为兴盛，玩耍以无事为潇洒。无事就是身体无恙，衣食无愁，生活无忧。清心则寡欲，恬淡则优游。快乐很简单，简单很快乐，要的少一点，要得就爽一点。

年少时少不了贪玩旷课的经历，好玩是人的天性。因为好（hào）玩，所以好（hǎo）玩，因为好好（hǎo hāo）玩，所以好好（hǎo hāo）玩。中华文字真是丰富多彩，妙趣横生。

玩是身的愉悦，乐是心的享受。爱玩活得轻松，会玩活得快乐。因玩而乐，因乐而玩。玩得文化，乐得高雅。一泓水，一盏茶，一美景，一雅集，身心愉快，自得其妙。

佛教禅宗四祖司马道信说："快乐无忧，故名为佛"。你看，玩都能成佛。

玩乐感悟以照片记之，百看不厌，图胜千言。有时候总觉得在图像面前语言反而显得多余，图像自己会说话。所以老子说："道可道，非常道。"所以禅宗云："不立文字，直指人心。"

玩乐感悟以书法记之，书画同源，如灯取影，外师造化，中得心源，书合大道，内有乾坤，玩有所悟，乐有所得，墨写心画，点题成书。

图像是人为创作的图形，图像是自然再现的画面，所以书法是图像，注重形状和变化趋势。图片是图像，注重色彩和整体印象。书法和图片通过抽象和写实两个不同的侧面来描述自然界。玩乐有方的三要素——图片、书法、文字，三元齐下，乐趣横生。

武夷山是个迷人的地方，饮有岩骨花香，吃有山珍土菜，玩有碧水丹山，史有三教千年。以茶为媒，以景为介，武夷山自古以来就是退隐山林的玩乐圣地。

古人的武夷山游记，大多是走马观花、到此一游的见闻，对景点和人文的描述虽然只是一带而过，但今日对照读来仍然兴趣盎然，比如明代徐霞客1616年所著的《武彝山日记》，清代袁枚1786年所著的《游武夷山记》，英国人罗伯特·福琼于1843年和1848年所著的《两访中国茶乡》，蒋叔南1918年游武夷山写下的《蒋叔南游记》等。当年的那些只言片语弥足珍贵。

能够下马看花、长期居住和玩乐有道的代表人物是明代少司马[①]陈省,他退隐后在武夷山客居十三年,沉浸于山水,玩物造景,在云窝景区精心打造了以云为主题的众多精品,"因崖割胜,居处庐旅部署历历,法趣相生,使后至者有鸠借鹊巢之思焉"(钟惺《游武夷山记》)。

苏轼《浣溪沙·游蕲水清泉寺》云:"谁道人生无再少?门前流水尚能西!休将白发唱黄鸡。"我在武夷山沉淀下来,以"慢乐"的生活节奏,细细品味武夷岩茶和武夷山水的味道。和书法一样,生活也需要留白。三年山居,玩乐其间,于是在"奔七"之年就有了这本闲书《武夷山居录》。

唐伯虎的一首《言志》正是追求这种生活状态的写照。

> 不炼金丹不坐禅,
> 不为商贾不耕田。
> 闲来写就青山卖,
> 不使人间造孽钱。

[①] 少司马:明朝左右兵部侍郎的别称。

玩乐山水间

武夷三圣

1999年，武夷山因为独特的自然景观和深厚的文化内涵，被联合国教科文组织收录为世界文化与自然双重遗产（World Heritage-Mixed Property）。

在武夷山云窝景区中有一方神奇的万年石，这块石头通体由绿色覆盖，仔细观察会发现石头上的植被从下到上依次是地衣、苔藓、草本和木本，它将大自然的生态系统从原始最低等向高等植物群落演化交替的整个过程完整地保存和呈现出来，不愧是生物进化更迭的教科书和活化石。

地衣植物群落是地球上诞生于6亿年前古生代的最古老植物

之一。地衣能够感知生存环境的优劣，一旦周边生态环境恶化就会迅速消失，因此被称为"环境质量监测生物"。同时，地衣还能分解岩石形成原始土壤。经历了万年的转化过程，当地衣将岩石变成土壤的时候，就出现了苔藓。苔藓是4亿年前寒武纪中期生物，苔藓的生长积累了更多的腐殖质使土壤增厚，进而出现了距今4亿年前泥盆纪后期的蕨类植物，并且衍生出不同的种类。武夷山拥有蕨类植物280种，占全国分布的10%，以"武夷"命名的独特品种就多达6种。随着土壤微生物增多，到距今1.64亿年前的侏罗纪时期，一些耐旱的草本植物大量出现，它们对周边生态环境改造的强大作用，为木本植物创造了适宜的生存环境，进而出现了灌木、乔木和森林。武夷山是动物和植物的王国，闲居下来，可以观察到很多奇观。

舞动的双蛇

做客的树蛙

在武夷山角亭村的黄梁山考古发掘出的文物将武夷山上古文化追溯到了距今三万多年前的旧石器时代。武夷山的民间信仰是寺庙供扣冰辟支古佛,道观供三皇元君,茶农供杨太白。在大王峰对面的武夷山茶博园内供奉着"武夷三圣":神农、彭祖、武夷君。茶是武夷山永恒的主题,对武夷山的理解需要从远古的记忆开始。

神农在民间传说中被尊为茶祖。唐代陆羽《茶经》中载:"茶之为饮,发乎神农氏,闻于鲁周公"。《神农本草经》中载:"神农尝百草,一日遇七十二毒,得茶而解之。今人服药不饮茶,恐解药也。"

武夷三圣

彭祖为武夷山开山鼻祖。武夷山原名荆南山，武夷山市《平川彭氏家谱》中记载，彭祖"因慕闽地不死国，遂挂冠辟谷，隐于荆南山，生二子，长曰武，次曰夷，兄弟开辟荆南山，相传五十余乡，子孙世居焉，故俗呼荆南山为武夷山。"武夷山因彭祖带彭武、彭夷二子开山有功而更名。

彭祖还在"闽地不死国"的人间仙境武夷山开创养生术、烹调术和房中术之养生先河，被奉为中华民族养生鼻祖。在天游峰峰顶天游阁内供奉有彭祖和二子座像，神像柱边有对联："隐水凄山修精养性乃长生不老极功，餐霞服气吐故纳新为益寿延年要旨。"

天游阁彭祖像

彭祖宅基旧址

  彭祖父子三人的群雕"武夷魂"作为武夷山的城市标志,弘扬先辈拓荒精神,勉励后人创业鸿志。

  幔亭峰下武夷山庄内有彭祖宅基旧址,初曰云龙道院,又曰一水草庐。

  自秦汉以来,武夷山就是羽流栖息之地。据《武夷山志》记载:"昔有神仙降临山中,自称武夷君。受上帝命统录群仙,授馆于此。"武夷君为荒蛮时代居住在武夷山中的部落首领,据考为越国始祖无余。汉武帝在朝廷的郊祀盛典中,将武夷君封为十大神仙之第

武夷君坐像

五位,道教奉其为地仙。武夷君作为武夷山一方山水的最高神灵,一直植根于当地民众的信仰崇拜中。在崇阳溪畔南源岭村偏僻一隅的双延庙中供奉着"武夷境主"武夷君,小庙虽简陋,但周围的参天古树、庙前的清嘉庆石碑和"双延庙"门匾,以及武夷君坐像上方的"武夷境主殿"木匾,都在默默展示着古庙的年轮。

传说在公元前 245 年中秋,武夷君等十三仙在大王峰北侧半山设彩屋幔亭数百间,置酒肴会乡人于"幔亭招宴",行酒进食,歌舞助兴,仙凡同乐。酒过三巡,歌师彭令昭唱《人间可哀之曲》:"天上人间兮会合疏稀。日落西山兮夕鸟归飞。百年一饷兮志与愿违。天宫咫尺兮恨不相随。"

历代朝廷对武夷君屡祀不辍,《史记·封禅书》中记载汉武帝时"祭祀武夷君,用干鱼",干和乾的繁体字相同,乾为天,为君,为父。传说大王峰下的汉祀坛是汉武帝遣使者祭祀武夷君之遗址。

远古记忆,扑朔迷离,武夷三圣,人文初祖。

幔亭招宴

目录

前言 V

壹 千年儒释道 001

道南理窟 002
阳明初悟 012
鹅峰继业 018
仙洲密庵 022
红袍祖庭 028
茶禅祖庭 032
古佛回归 042
慧苑禅寺 052
妙莲古寺 056
一画开天 064
十六洞天 074
卅一福地 086
桃源洞观 092
龙济道院 098
翠峦道院 102
天开紫极 104

三丰故里　110

贰 万古山水茶　115

水仙母树　116
百年水仙　120
漳墩白茶　124
正山红茶　128
龙须仙茶　132
寻茶漫道　136
北苑贡茶　140
佛系岩韵　146
百年茶行　154
山场溯源　158
用水泡茶　164
品味岩韵　170

叁 书道法自然 177

武夷碑林　178
云符书道　182
书画同源　188
舞文弄墨　194
茶汤行书　196
流溪漂书　199
临水写书　200
看景画书　202
随处可书　204
茶之书展　206
有味书法　210
茶标茶挂　214
诗书成趣　218
飞流行书　224

肆 乘物以游心 227

重阳登高　228
天游雅玩　232
闽越王城　240
红军墓群　246
民国纸坊　248
伍石山庄　252

下梅古村　254

坑口古村　258

卜空古村　260

平川黄村　262

伍　仙居半入云　273

华态庄园　274

黄亭仙店　282

回应山房　286

匠心传承　300

私房岩茶　310

龙窑烧盏　318

灵源三品　322

野趣行茶　328

岩茶味道　332

茶道返朴　334

山石云窝　336

一盏茶居　346

小隐于山　350

后记　亲曾到武夷　357

千年儒释道

道南理窟

朱熹,别号紫阳,南宋著名理学家。他有珍贵的对镜而作自画像存世,据画像题字可知,成画年代为宋绍熙元年(1190年)孟春。朱熹面相奇特,右耳面颊连排七颗黑痣,状如北斗七星,预示着文曲星下凡。朱熹故居紫阳楼位于五夫古镇,面朝屏山,门临潭溪,屋前半亩方塘,四周古树参天,翠竹绕舍,将紫阳楼掩于绿荫之中。

南宋绍兴十三年(1143年),朱熹父亲朱松在建州病故,临终前托孤于五夫镇的好友刘子羽。14岁的朱熹奉母迁居五夫镇,在此定居近半个世纪。

五夫镇潭溪旁一棵朱熹 16 岁成年礼时种下的古樟树，如今虽已树干中空，却曾经奇异地长出一株树灵芝，可惜早被人盗走了。朱熹任武夷山冲佑观主管时亲手所栽的两株桂树还在，每年中秋仍花满枝头，飘香幽远。

"灵泉"石刻

沿紫阳楼东侧鹅卵石小路步行片刻便见一泓清泉，崖壁有石刻"灵泉"二字，为朱熹手笔。他在《怀潭溪旧居》诗中所述"傍崖寒冽一泓泉"便指此泉。

漫池细流，水清如镜，蓝天白云倒映在水面上，俨然一幅"天光云影"的图画。提壶汲泉，掬一口清冽甘甜，用此源头活水泡茶当为上品。

朱熹与茶结缘始于初生三天后，就被施以宋代贡茶"月团"行"三朝"洗儿之礼，朱熹在五夫镇开始了人生的起步和最初的启蒙。他一生借茶修道，以茶明理，晚年自称"茶仙"。这眼灵泉陪伴朱熹度过了近五十年的研修岁月。

坐在朱熹手植樟树的绿荫里，煮一壶灵泉水泡茶，岩茶特有的香气被活水唤醒，瞬间弥漫在林间。阳光穿过树叶，斑驳的树影洒落在杯中，仿佛间时空穿越，以茶为媒，与紫阳楼的朱熹雕像对谈，讨论格物穷理的理学奥妙。水还是那水，茶还是那茶，惟逝者如斯，不舍昼夜……

屏山书院遗址考古现场

屏山书院遗址位于五夫镇府前村，原是朱熹义父刘子羽的家塾。朱熹迁至五夫镇后，在此从师苦读，成年之后也常在屏山书院授学。书院几度兴衰，建筑年代从南宋至清共分五期，其中明代建筑基址规模最大，是为数不多的经考古勘探证实的朱子文化史迹之一。

兴贤古街上"过化处"门坊,赞美朱熹在此地的教化

兴贤书院位于五夫镇兴贤街,原是朱熹老师胡宪的学堂"籍溪山居"。书院门牌楼顶为三顶乌纱帽造型,分别代表榜眼、探花和状元。书院门楣横额为"洙泗心源"。朱熹在此受业,胡宪家学以论语学为入道之要,朱子受其启发,加深了关于"理一分殊"的思想。著名史学家蔡尚恩评价:"东周出孔丘,南宋有朱熹。中国古文化,泰山与武夷。"朱子理学对中国社会影响深远,武夷山是朱子理学的活水源头和文化圣地。

兴贤书院

在武夷山五曲隐屏峰下,朱熹率弟子择地开基,垒石砌瓦,修建武夷精舍。所有建筑均以碎石为基,夯土成墙,树皮与枯草作顶,粗陋与茅屋无异,朱熹作《武夷精舍杂咏并序》以记其详。他在九曲溪畔著书立说、兴教传学,共有七年时光。武夷精舍成为四方士友的聚集地,武夷山因此成为名副其实的"道南理窟"。

武夷精舍保留的宋墙

武夷精舍后的溪中"茶灶石"是朱熹常去煮水品茶的地方,朱熹精通琴律并有专著《琴律说》,还创作有《碧涧流泉》等多首琴曲流传于世。朱熹在他的《武夷精舍杂咏》诗中说:"琴书四十年,几作山中客。一日茅栋成,居然我泉石。"

考亭书院

绍熙三年（1192年）夏，朱熹搬离五夫镇，定居建阳考亭。明嘉靖十年修建的考亭书院牌坊，前临麻阳溪，面对翠屏山。书院也是朱熹讲学终老之地，朱熹在这里完成了其理学思想最后体系的建构。

朱子陵园

朱熹父亲朱松墓在上梅乡地尾村中峰寺后寂历山，三迁而后墓此。风水师曾卜墓地在寂历山，恰与父所作诗句"乡关落日苍茫外，尊酒寒花寂历中"有一语成谶之感。

朱熹母亲祝夫人墓在莒口镇马伏村。朱熹于墓旁建数间草房，取名"寒泉精舍"，并在此隐居九年守丧，授徒和讲学著书，这是朱熹亲手创建的第一所书院，现已无迹可寻。"寒泉"一词出自《诗经》中"爰有寒泉，在浚之下。有子七人，母氏劳苦"，后世常以"寒泉"喻子孝其母。

朱熹与夫人刘清四的合葬墓位于建阳区黄坑镇九峰村后塘，墓地背倚九龙岩，呈"风"字形。据传朱熹曾梦见仙人说"龙归后塘"，恰与此地契合。

阳明初悟

> 阳明初悟武夷山,
> 倒影溪光逝水参。
> 止止壶天曾宿洞,
> 行行龙场始航帆。

—— 题武夷山水光岩阳明先生初悟地　一六居士

据一六居士考识,明正德二年(1507年)初夏,王阳明先生为避宦官刘瑾之害,诈死脱险后,乘商船从钱塘欲往舟山避难,未料商船遇飓风被吹至福建福宁州海岸登陆。王阳明先生顺应天意安排,下船入住客栈,写下《泛海》诗志怀:

> 险夷原不滞胸中,
> 何异浮云过太空。
> 夜静海涛三万里,
> 月明飞锡下天风。

阳明先生沿着官道兼水路辗转至他心中向往之地武夷山，隐居在大王峰下"止止壶天"岩洞中。因武夷山中多暴雨且潮湿，阳明先生在洞口外搭建草棚以遮风雨。远在江西洪都（南昌）铁柱宫的应机道长，契缘来到武夷山与阳明先生会面，二人在阳明先生假居的止止壶天洞中畅叙数日，应机道长在临别前赠予阳明先生诗一首：

> 识君总应机，
> 固道且相宜。
> 乱世奸雄举，
> 勤王不远期。

阳明先生和赠应机道长：

> 觅道总接机，
> 寻仙且共宜。
> 壶天心仰止，
> 君子志明期。

应机道长辞别后，阳明先生时常倚伫在水光石上的醉月亭里，忽一日，观溪光中长亭倒影而感悟逝者如斯，男儿当怀济世救国之志为国家建功立业，岂可贪身形之逸而匿迹于山野。遂决定听从朝廷贬谪赴贵州龙场驿任驿丞，并终在龙场悟得致良知心学而成为圣人。

王阳明先生因台风漂流至闽界，来到武夷山，正如止止庵中那一方"有缘"石刻和那棵机缘巧合从古树枯洞中穿出生长的翠竹，真是天意有缘。

西禅岩

水光岩"建王文公祠"石刻纪事

阳明先生后人和学生曾在西禅岩建造王文公祠，并勒石记载于九曲溪中"一曲"水光岩。

武夷山人杰地灵，千百年来，不少仁人志士在此修行开悟。辛丑年冬日，在水光石下，止止壶天洞前，席地而坐，煮一壶香茶，和一六居士探论王阳明先生"知行合一"的智慧，追溯先生"初悟武夷"的脉络。

> 阳明初悟武夷山，
> 龙场深研演易盘。
> 格物致知循善念，
> 顺天承命保民安。
>
> —— 一六居士

鹅峰继业

时逢设在武夷山三姑度假区的柳永纪念馆即将拆除，搬迁到其故乡上梅乡白水村。在与旧馆告别的日子，我们特意在纪念馆门前呈上一个小小的雅集，纪念这位白衣卿相。

"凡有井水处，皆能歌柳词"。一代词宗柳永的出众才华和他少年时在武夷山的一段特殊经历有关。据一六居士考证，柳永出生地为其父任县令的山东费县。北宋淳化四年，柳永携父画像回到崇安县白水村老家，以慰祖母依门思念之望，之后被祖母留在老家，并拜鹤梅先生为师，这位隐居在白水村鹅子峰上的神秘人物是李唐皇室后人。白水一带大都是从中原避难迁移来的士大夫和名门家族，由于大家都曾世受李唐的皇恩，所以对隐居在鹅子峰上喜养鹤植梅的皇族之后，都讳其名而称其为鹤梅先生。

柳永在鹅子峰上的鹤梅小院中，与鹤梅先生及先生收留假居在此的一僧一道，共同学习生活了九年的光阴。柳永的词学功底源于鹤梅先生

的教诲，也是南唐皇家婉约词学宗脉的延伸。由于北宋时期对南唐"归顺伪官"的歧视，柳永一生未敢袒露自己的词学源流，然而他所创作出的华丽生辉的词句，无不沁透着李唐失势皇家的凄婉烙印。

柳永祖屋的廊桥"遇仙桥"历经风雨，依然屹立。柳永过此桥离开家乡，从此一别再也没有回来。我们曾携友在桥上摆席品茶，一六居士现场再填柳永思词感怀，记录这一段佳话："风月今古泪如松，一笑大江东。桃花小径怀清影，谁恨萍踪？相识容易恋时空。把醉情初见，和弦凤永桐。万紫千红春分绿，莫忘三变公。"

柳永在武夷山没有留下可以追溯的痕迹。鹅子峰下只有据说是他爷爷植下的两棵罗汉松和那座遇仙桥。村庙拾坊寺中的那座柳永像在静静地诉说着他对故乡的眷恋,"今宵酒醒何处?杨柳岸,晓风残月。"

遇仙桥

柳永纪念馆门前的楹联总结了柳永的一生:"曲雅文华婉约词情人钦仰,心高意远风流才调皆称奇。"纪念馆拆迁几近完成,唯独大门前草坪上还有一方等待运走的石碑,上刻"柳永墓冢抔土还乡碑记。公元 2004 年 9 月,为武夷山柳永纪念馆新馆落成之际,柳永仙冢抔土自镇江北固山分移动至此,千载游子,今朝还乡,一代词宗魂归故里。"正是这种因缘巧合,让我们的雅集正好送柳公一程。

柳永墓冢抔土还乡碑

仙洲密庵

武夷山五夫镇有仙洲山。民国《崇安县新志》记载，仙洲山有"两峰并峙，一尖一方，山顶有棋坪石，有永丰寺密庵。"又载："密庵，即报得庵，在五夫里，宋胡寅命名，又匾其轩曰泉石庵，为邑之胜处，朱子及诸名人多题咏。"可见当年仙洲密庵的知名度相当高。

南宋江西云卧莹庵主曾记载："径山谦首座，归建阳，结茅于仙洲山。闻其风者，悦而归之。"据南宋时期成文的《嘉泰普灯录》卷十八记载："建宁府开善密庵道谦禅师……归隐仙洲山，四众云集，法席鼎盛。实学刘公彦修请居开善。"经请教开善寺住持道纪法师得知，南宋绍兴八年（1138年），道谦禅师从杭州径山"回老家建宁府崇安县（今武夷山）五夫里仙洲山，结茅棚静修长养圣胎。"道谦禅师有句："仙州山下呵呵笑，不负相期宿昔心。"密庵落成时，道谦禅师好友张浚送来"自信"匾额。凉亭飞瀑，古木高僧，很快成了五夫里的佛门胜地，前往求法者众，道谦禅师后受邀住持开善寺。从圆悟克勤、大慧宗杲至开善道谦一脉相承的"茶禅一味"思想在武夷山广为传播。

民国《崇安县新志》中记载：仙洲山有"昼寒、清湍、野鹤三亭"。宋代吕本中《谦上人清湍亭》诗中有句："道人结庵殊未就，先起小亭山左右。不将溪水濯尘埃，且以清湍为客寿。"

除密庵之外，道谦禅师还在山左右建亭。虽然如今亭子已全无痕迹，但仙洲山所在地的地名至今还是五夫镇古亭村。

南宋绍兴十四年（1144 年），15 岁的朱熹在老师刘子翚家中见到了道谦禅师。朱熹对"看话禅"禅法颇感兴趣，常背着老师去密庵和开善寺问禅。看话禅简洁思辨的智慧，对朱熹援佛入儒和朱子理学的形成有着深远的影响。后朱熹拜师延平李侗，方才逃禅归儒。即便如此，朱熹对密庵仍是读书题咏不曾遗忘，他与密庵的交集，前后至少有三十余年。

朱熹寓居武夷山五夫镇潭溪畔紫阳楼四十多年，研学之余，常携友访山问泉，吟诗唱和。"忆住潭溪四十年，好峰无数列窗前"。仙洲山密庵就是寻幽探胜的常去之地。在清代《四库全书》之《晦庵集》"游密庵记"中，朱熹详细描述了密庵幽境："遂复登昼寒，会雨小霁。日光璀璨，尤觉雄丽。归饮清湍，以崇山峻岭，茂林修竹。清流激湍，映带左右。"朱熹喜爱的密庵瀑布至今长流不息。

朱熹多次在仙洲山密庵游玩，并留下诸多诗篇，有《次韵宿密庵》《游密庵》《游密庵分韵赋诗得字》等，他对密庵的喜爱可见一斑。

我行得佳友，
胜日寻名山。
春山既妍秀，
清溪亦潺湲。
行行造禅扉，
小憩腰脚顽。
穷探意未已，
理策重跻攀。

——《游密庵分韵赋诗得字》之"还"韵　朱熹

天高云淡,正好携佳友来密庵遗迹"胜日寻名山",林荫中石抱树生,流水淙淙,清溪潺潺,格外幽静。

石抱树

瀑布流水从高处随风洒落,彩虹在阳光的照耀下,随落水的高低而跳动,形成数道多彩的叠虹,难得一见。

"还"字于水

朱熹游武夷山密庵，和友人玩分韵赋诗的雅戏，朱公得"空""还""清"字为韵作诗。今在密庵瀑布前，我将草书拙作"空"字于壁、"还"字于水、"清"字于石，仿效朱公情趣，山居雅玩，颇为尽兴。

"空"字于壁

"清"字于石

仙洲密庵和开善禅寺是武夷山茶禅祖庭，密庵瀑布和紫阳灵泉是理学思想的源头活水。小小仙洲山，连接了茶禅先师道谦和理学大师朱熹。2016年，仙洲密庵遗址被确定为武夷山市第十批文物保护单位。现在被遗忘在荒山野岭之中，少人问津。

红袍祖庭

武夷山天心永乐禅寺坐落于武夷群山中心位置的天心峰，唐贞元十七年初建时名为"山心庵"。

唐代高僧扣冰古佛在中秋之夜，月圆天心，望月开悟，留下"天心明月"的著名禅学公案。后人为纪念扣冰禅师悟道，改山心庵为天心寺。

状元桥中立状元丁显座像

明洪武十八年，举子丁显进京赶考路，途经武夷山时中暑，被天心寺僧以茶入药，得以救治。状元及第后以红袍披茶树以报佛恩，"大红袍"茶从此得名。天心永乐禅寺从此被尊称为"大红袍祖庭"。

明永乐十七年，明成祖敕封"天心永乐禅寺"。同时敕封天心寺茶为"大红袍"，降旨天心寺"精耕勤灌，嫩摘细制，世代相传，岁贡入京。"茶因寺名，寺以茶荣。

老庙右殿供茶祖释超全。明代茶僧释超全在天心寺常住期间写有《武夷茶歌》，是最早记载乌龙茶制作工艺的文献

老庙左殿供北苑茶神张廷晖

老庙前的柱基是具有道教色彩的八宝图案

"迷悟间"后面是禅堂和制茶场。茶和禅的关系如此紧密，以茶修禅，借茶开悟是天心寺最显著的特色

晨钟暮鼓，惊醒世间名利客，也是寺庙里的修学功课。晚六点左右去天心寺，可以站在钟楼鼓楼中间，聆听梵钟法鼓。击鼓僧敲出的风雨雷电声，敲钟僧的108声撞击，助人去除烦恼，震撼心灵。

庙里的厕所"不净观"也是佛家如厕时的修禅场所。不净观是修行禅定的一种调心方法。通过观想身体的污秽不净现象，消除对欲望的贪恋。《禅法要解经》中云："若淫欲多者，应教观不净。"

茶禅祖庭

武夷山开善寺自五代唐同光初年（923年）开山以来，已有一千一百年历史了。在这千年的历史长河中，有无数祖师大德为此道场求法布施。尤其在南宋时期，开善寺迎来了道场最辉煌的时期，高僧辈出，其中开善道谦禅师上承大慧宗风，下启朱子理学，使开善寺不仅成为禅宗衍传的祖庭，更成为朱子理源。

开善寺掩映在林丘翠竹围绕的五夫镇拱辰山下的山坳里。进开善寺山门，迎面"禅茶祖庭"前一尊宝志禅师汉白玉像，一佛三面，妙庄严域。禅师一生神异，尤以指劈面门，示现观音相为奇。宝志禅师圆寂后，南北朝时期，梁武帝在南京为他兴建寺庙，名曰开善。原木像现藏于日本京都西往寺。

宝志禅师木像

禅茶一味祖庭始于湖南夹山禅寺。圆悟克勤禅师驻锡数载，开创碧岩禅风，成就禅门第一书《碧岩录》。起灵感于碧岩，发顿悟于茶汤，得示"茶禅一味"之机，其笔墨真迹经日本来华参学僧人传到日本，成为日本参禅圣言。圆悟禅师以禅意品茶，茶味参禅，怀禅点茶，得禅茶之玄机。

湖南夹山禅寺

浙江余杭径山寺开山祖法钦禅师于五峰之巅手植茶树用以供佛参禅，圆悟克勤弟子大慧宗杲禅师在该寺弘扬茶禅一味思想，并远传日韩。

浙江余杭径山禅寺

道谦禅师师从二位高僧,传承茶禅一味之道,使开善寺成为茶禅祖庭。无论是秉承径山茶宴家风的开善茶宴,还是从圆悟克勤、大慧宗杲至开善道谦一脉相承的茶禅一味,禅与茶本身就有着千丝万缕的联系,所谓着衣、吃饭……乃至打坐、吃茶,人们都可以从中悟到禅的无所不在。

《望海潮·茶禅开善》 道纪法师

武夷山水,传承三教,茶禅开善名蓝。竹翠叶萧,杉幢树碧,僧房禅院相间。横望拱辰岩。势依仙亭畔。毓秀无边。钟梵泉声,茶香荷韵妙难言。祖师历代相传。有普觉妙喜,法嗣师谦。朱子寄斋,空瓯以待,焚香问道闻参。圆悟燖茗缘。宗风承大慧,施设茶禅。自古祖庭一脉,今日道渊源。

我于十年前拜访过开善寺，那时道纪法师刚担任住持，寺庙一片荒芜，只有野草乱藤下的一栋土屋。一恍十载，如今寺庙已经面目全新。

十年前的古寺

十年后正在建设的大雄宝殿

宋代，丛林生活已完全与饮茶融为一体。南宋冯时行《请岩老茶榜》之机语便形象概括了禅茶："若色若香若味，直下承当；是贪是嗔是痴，立时清净"。机语尽现，禅意昭彰。"饭后三碗茶，和尚家风。"故有百丈家风："吃茶、珍重、歇"。禅茶倡导心物合一，神韵和一。茶香之浓淡，汤色之浊清，如茶韵之幽秘禅道之有无，一茶一禅只在一得之间。元代会善寺雪庵溥光撰文并书《雪庵茶榜》道出茶禅真谛："借水澄心，即茶演法"。

茶不过两种姿态——浮沉。饮茶人不过两种姿势——拿起、放下。禅茶——沉时坦然，浮时淡然。人生——拿得起，放得下。"别无工夫，放下便是"，诠释的就是修行的关要，也是茶禅一味的真谛，此语正是出自宋朝开善道谦禅师。

日本僧人梦窗疏石有"别无工夫"的墨迹流传于世。足利直义侄孙足利义满也曾书写"放下便是"这句禅语。这两幅书法都收藏在日本京都相国寺承天美术馆内。

"借水澄心，即茶演法" 　　"别无工夫，放下便是"

茶禅一味

泉后幽篁里,有一株岩茶奇种,机缘巧合生于岩缝寸土之中,是为奇观。经"禅""味"二字勒石点缀,构成一幅天然图画,浑然天成,彰显出茶禅一味的物景妙趣和超然意境。

茶味各殊，禅心无二。茶之饮，不仅为养生之术，更成为悟禅之机。一啜一饮，明心见性，便是醒心之道，茶禅之味。

> 茶自石中生，
> 禅心借字明，
> 一鸿开善水，
> 味道本天成。

辛丑年初冬暖日，我和道纪法师于醒心泉边说醒心，茶禅祖庭论茶禅。

春梅雪路

壬寅年初春，武夷山迎来二十年一遇的春雪，银装素裹，为寺院装扮出冰清玉洁的禅意。为道谦祖师的那首《送道友》增加了画面感。

> 二三尺雪山藏路，
> 一两点花春到梅。
> 将此赠君持不去，
> 请君收拾早归来。

古佛回归

扣冰辟支古佛在武夷山民间是香火最盛的菩萨,被奉为地方保护神,每年还有为纪念古佛而举行的蜡烛会和出巡祈福法会。瑞岩寺是由扣冰辟支古佛择地创建的,古佛曾在此驻锡48年,曾经五次受皇帝敕封。

瑞岩寺门前有两株千年古树,一株银杏树秋色金黄结果似悟,一株红豆杉四季常青如禅。两株千年古树是武夷山最古老寺院的天然活化石,也是修行者理解"悟禅"的参照物。六祖慧能曾在光孝寺留下风动幡动之禅宗公案,瑞岩寺这两株千年古树所印映的佛家悟禅之理,也是当代禅门公案的一道靓丽新幡。一六居士提议由我书写"悟"字,瑞岩寺住持道航法师书写"禅"字,一六居士依二位所书写的"悟禅"之境作诗一首,并请爱新觉罗毓骏老先生书写诗作:

> 体悟味空禅,
> 灵虚净色安。
> 吃茶迎故偈,
> 证道润新幡。

瑞岩寺门前的两棵千年古树

初冬时节，瑞岩寺前千年古银杏树满目金黄，春去秋来，繁华看尽，叶落铺地，秋高气肃。因缘际会，在扣冰古佛诞生1177年之际，迎请古佛真身舍利回归武夷山瑞岩寺。

后唐时期闽天成三年（928年），国王王延钧礼聘古佛至福州为王师。古佛于福建鼓山坐化后，一部分舍利回归武夷山，闽王施十万钱，在古佛祖庭瑞岩寺建瑞应宝塔，可惜今已不存。另一部分供养在鼓山瑞应塔，几经周折幸存于福州涌泉寺藏经阁。千年风雨，终归故里。

我曾去寻过鼓山扣冰古佛舍利塔。福州牛坑山扣冰古佛寺后山有天镜岩，天镜岩内有洞通天，仰望如镜悬顶，"岩中有洞，深八丈，广二丈，上通一窍，其圆如镜，天光下瞩，故名。"扣冰古佛舍利瑞应塔就在山下。

瑞岩寺扣冰祖师塔

扣冰古佛舍利瑞应塔

扣冰辟支古佛，法号藻光，因"今夏则衣楮，冬则扣冰而浴"，故世人称其为扣冰古佛。古佛被看作是辟支菩萨的化身，辟支为独觉和因缘觉之意。

> 修行无别妙，
> 须悟本来空，
> 试看成佛者，
> 都在寂然中。
> ——扣冰

寺前扣冰溪

朱熹赞颂扣冰辟支古佛："梦感神灵，天成佛性；戒行超凡，智慧人圣。"

在古佛众多禅机偈语中，我尤喜欢"自合得"三字，深含其自悟缘觉之灵性。我为回应茶厂也取名为"合得"。《五灯会元》记曰："弃谒雪峰，手携凫茈一包、酱一器献之。峰曰：包中是何物？师曰：凫茈。峰曰：何处得来？师曰：泥中得。峰曰：泥深多少？师曰：无丈数。峰曰：还更有么？曰：转有转深。又问：器中何物？曰：酱。峰曰：何处得来？曰：自合得。峰曰：还熟也未？曰：不较多。峰异之。"

扣冰和闽王品茶，"应闽王召。茶次。师提起橐子曰。会么。曰不会。曰人王法王各自照了。"后人总结为"人生如茶，空杯以对"。

虚云老和尚赞扣冰古佛曰："为王者师。受雪峰记。坐扣坚冰。空里游戏。举起茶橐。翻天覆地。人王法王。慧日普丽。"

瑞岩寺位于群山拱峙之地，所靠之山形似龙首，寺内有扣冰、瑞应两眼泉水恰似龙珠。扣冰殿里供奉扣冰古佛、哀公老佛和如是暨公老佛。三位佛都是百姓虔诚崇拜的圣僧。

寺外有扣冰桥，从桥上看古佛道场更有韵味。扣冰桥始建于明末，历经千年风雨，仍然屹立在瑞岩寺前。该桥曾是通往瑞岩寺古驿道的重要桥梁，扣冰古桥为一孔石拱廊桥，且石拱是毛石片，体现了当时能工巧匠的高超技艺。

寺旁山上有一处自然景观——睡岩。细观岩石上有阴阳太极图，石前瀑布更是灵动优雅，相传扣冰古佛在此梦中悟出"天心明月"的禅理。

纪录片《回应说》之"古佛归来"在瑞岩寺祖佛塔前拍摄。以扣冰古泉水泡回应合十老茶，我和瑞岩寺住持道航法师在古佛舍利回归祖庭之际于扣冰泉边说茶禅，祖师塔前论回归。

寺前对联"瑞岩境处山鸣谷应水常流，禅林殿里烛光佛影千万载"道尽古寺千年沧桑。远观那棵千年红杉树上的凸起处竟如莲花座上的"老僧入定"像，令人叹为观止。

遗憾的是，2022年3月25日上午，瑞岩寺不幸失火，扣冰殿和大悲阁毁于一旦。我们拍摄的一些镜头也成绝唱。经各方努力，瑞岩寺将在2023年再展新颜。

慧苑禅寺

取道小水帘洞，过"漱石枕流"古桥，沿武夷山丹霞地貌最长的一条峡谷章堂涧，顺小溪观景慢行，一路经古崖居、鹰嘴岩，悠悠半个时辰就可到达慧苑寺。

"漱石枕流"古桥

歇脚时，向寺中师父讨一杯茶喝，天南海北地闲聊，倒也十分惬意。在堂前悠然品茶，远望寺前群峰叠嶂，高低错落，令人心旷神怡。民国时期的《蒋叔南游记》中有作者大概在同一地点品茶的描述："修竹蔽日，古木撑天，其下流泉屈曲……在慧苑岩久坐其正殿前，仰望三仰峰，不愿离去。"今古游人，何尝不是同感。

慧苑寺系唐代江西鹅湖峰顶山大义禅师传承，始祖慧远，后人慕其高德用为寺名，为避讳故改为慧苑寺。寺院坐东朝西，随山势起伏，错致巧妙，素有古堡之称。慧苑寺是武夷山颇具文化底蕴的禅寺，朱熹曾在寺内住宿读书，并留有"静我神"牌匾。寺院外墙上的砖雕又具有道家色彩，成为武夷山三教合一体系的历史见证。

寺内对联众多，妙语连珠。正殿廊柱上一副朱熹诗句楹联"客至莫嫌茶当酒，山居偏隅竹为邻"，是武夷山最负盛名的古楹联之一，现保存完好，只是"酒"字残损。

寺庙外墙上的八卦太极砖雕

寺院前的流香涧和玉柱峰景观则嵌入在大殿前的对联中："涧绕流香心洗涤，峰攀玉柱佛庄严"，观景品联，方能体会其中韵味。横跨流香涧的石桥名曰"双悟桥"，倒也是有几分禅理玄机在其中。桥后有两条阡陌小道去往不同方向，就像人生一般，有时在岔路口就是一悟定一生，这一"悟"字最是玄妙。

寺前有武夷十八岩之一的笠盘岩，剪影酷似高僧达摩，沉思默想，观风云变幻，觉世事无常。

从慧苑寺向右沿小溪前行不远，经过飞来峰、人像石，便到达著名的流香涧。"沿村行数里，入谷便闻兰。坠叶浮深涧，飞花逐急湍。岚光侵杖湿，苔色袭衣寒。欲试清泉味，烹茶坐石盘。"清代僧人衍操的一首古诗刻画出了在溪边喝茶品泉的画面。

慧苑寺位于"三坑两涧"正岩茶核心产区，尤以老丛水仙闻名于世。在此境中以流香涧水泡慧苑老丛水仙，茶味惊艳，终生难忘。始知"茶品四等"——香、清、甘、活之"活"，"活之一字，须从舌本辨之，微乎微矣，然亦必瀹以山中之水，方能悟此消息。"非身到山中试茶，鲜不以为欺人语也。

妙莲古寺

清代《钦定古今图书集成》中记载："莲花峰,对面火焰、天柱二峰。游者溯源而上,四五里皆苍藤石壁,直入云霄。僧思恒隐此。匾曰芦峰深处。"

武夷山莲花峰白岩岩壁远观如船,岩壁上有大字"白岩仙舟"。妙莲寺始建年代已失考,寺内有一古石门,明显是道庵遗迹,横眉"圆通"二字,门联:圆满功成登紫府,通灵入妙证洞天。

白岩仙舟

从正面有险路经一无字石拱门可达山门

在武夷山自古以来的命名中，一般有灵性的山叫"峰"，无活性的称"岩"。每当雨过天晴，远望莲花峰，浮云从山凹处升起，犹如朵朵圣洁的白莲花在苍翠的山峦上次第绽放。

山下登山入口处立有"莲峰迭翠"石坊，有"妙莲开"茶室迎接访客。妙莲寺住持天了法师请我为茶室拟对联："人往人来偶相遇，花落花开总有时"，横批"花开见佛"，并做匾"不染尘"。为入山口恭请一尊莲花水月观音坐像，迎接朝山香客。

妙莲寺所在的山上有一泓泉水，应春雷而泉流，遇秋雷而泉止，可谓通天灵水，闻声感应春秋雷鸣，故曰"鸣泉"。鸣泉水顺山势而下，在茶室后的

不染尘

鸣泉

一面石壁上缓缓滴落，悦耳的泉水声为寂静的竹林幽篁平添了几分活力和灵动。在泉边汲水品茶，茶水交融，在泉边抚琴吹箫，音水合鸣，当是玩乐山水间的一大雅事。

顺山势拾级而上，沿途有不少颇具禅意的摩崖石刻，特别耐看的是在一条细长的石罅中，刻在一方独立圆石上的草书"真如"二字，退步远观，觉得石罅形如眼睛，而"真如"正刻在眼珠的位置。真理往往隐而不显，要有心且明目之人才会发现。

一面灰色岩壁上因石面脱落，形成大愿手印，天清气朗时，驻足山下举首即可见。

大愿手印

最令人叹为观止的是妙莲寺的一处石窟中竟然藏着一尊扣冰古佛卧像石雕，再现了扣冰古佛鼓山圆寂时的瑞像。佛像背后是一组记录扣冰古佛一生修行的石雕壁画，手法古朴，凹凸有度，人物生动，神情肃穆。

卧佛寂然

石雕壁画

归途回望，老山门依崖而立，保留着古时的气息。岩壁上的翠绿青苔点缀在黑色的岩石上，很有画面感。忽然发现它很像一个天然的莲花座，如果请一尊观音像静置其上，那种清净无染、光明自在的感觉一定很美好。

出山门前，以茶敬佛。扣冰古佛悟道妙语："修行无别妙，须悟本来空，试看成佛时，都在寂然中。"

莲花观音

近观似佛眼

思考者

2022年5月，连续下了一个月的雨。天了法师早早地就把妙莲禅茶雅集的日子定在了5月27日。虽然前夜还是阴雨连绵，但是雅集开始时竟然雨过天晴，阳光初照，看来老天爷也喜欢凑热闹。

一画开天

一线天堪称武夷山"鬼斧神工之奇"。明人张于垒在《武夷游记》中描述:"山中之洞,莫巧于一线天,裂天空于一寸,两片微分"。灵岩洞、风洞、伏羲洞,三洞贯通,天光一线,洞顶微露一条狭长的罅隙,宽不盈尺,长却有178米,形似"一"字。

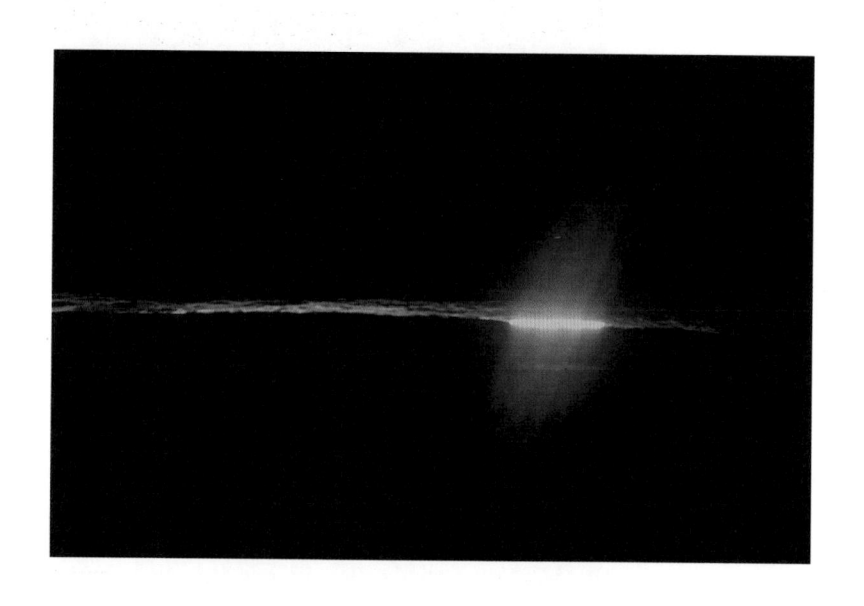

"一者,道也。"老子《道德经》云:"昔之得一者,天得一以清;地得一以宁;神得一以灵;谷得一以盈,万物得一以生;侯王得一以为天下正。"一线天就是一部天然的《道德经》,一个天地不言而自然感知的神奇之地。

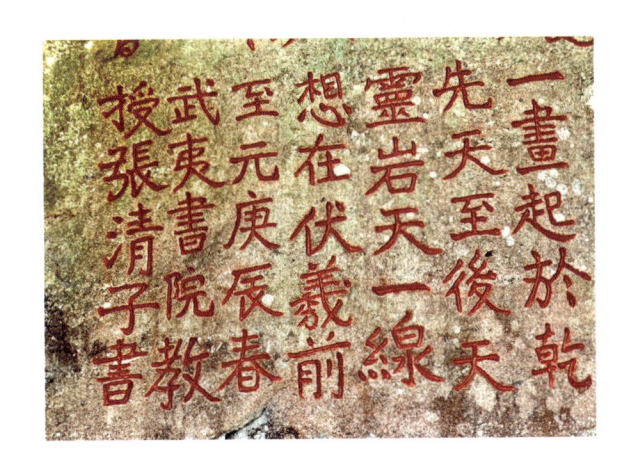

"谷得一以盈",故有"天下谷"石刻。"知其荣,守其辱,为天下谷;为天下谷,常德乃足,复归于朴。""神得一以灵",故有"灵岩洞"。"天得一以清",天清则月明。朱熹把"天心明月"四字刻在一线天对面"神仙楼阁"岩壁上。"神仙楼阁"是一座壁立如屏的岩石,岩壁上分布着108个大小不等的圆形洞穴,错落有致。

择一日明月高照,我再来到这神仙楼阁前,看看有没有"一月普现一切水,一切水月一月摄"的画面。

天下谷

天心明月

一条不太引人注意的小路可以通到一个小洞，洞里有条可供一人坐卧的石椅。面向洞外，正是神仙楼阁，仰头一望，可看岩壁之上刻有"玄岩"两字，细看岩字中间多了一个圆点，不知何意。

灵岩洞内有圣水井。灵岩圣水，显隐之间，一画开天

回来后查资料，《周易》坤卦中解："天玄而地黄"。疏：玄，天色。抬头见天色。玄字的甲骨文是蚕丝结的象形，用来表示从显性世界观察隐性世界的临界面，所以岩字多出的圆点应为水之意，而石为显性，水为隐性。读懂《道德经》的那一层窗户纸就在这里，真是"得来全不费工夫"。

天得一以清

地得一以宁

求天门

过了"天下谷",便是"求天门",门侧有刻有"玄牝之门"的石门和一眼泉水。一株不知在哪里生根的绿蔓沿着洞壁顽强地向前生长,展现着生生不息的活力,也是个活生生的"一"字。

一线天风洞前有一首勒壁诗：

> 一画先人见伏羲，
> 群峰回合路逶迤。
> 由来别洞藏仙窟，
> 多少游人恐未知。

摩崖石刻"于洞中吹箫一曲"

偶见有古人"于洞中吹箫一曲"的摩崖石刻纪录。日后择吉日携友来此灵岩洞吹箫一曲，和古人唱和，听天籁之音，悟天地之道。

此青苔，似佛字。石上佛造像，字画同源

"一线天"之上是飞舄台，"飞舄"的意思是可乘以飞行的仙鞋。远望对面楼阁岩，竟然像是伏羲女娲双蛇像，是为奇观，叹为观止，原来我们刚才所设讲坛正是在双蛇像下。

此地真是步步有妙趣，面面存深意，真是一部天然《道德经》！

远望对面楼阁岩，竟然像是伏羲女娲双蛇像

十六洞天

大王峰下止止庵是道教"三十六小洞天"之十六洞天"升真元化洞天",南宋道教金丹派南宗的创始人白玉蟾曾入住于此。古时从水路去止止庵,由水光渡上岸,在水光石下还有当年拴船缆的石孔。

栓船缆石孔

去道观半途的岩壁上，隐着一方"仙凡混合"的摩崖石刻，从人间烟火到超凡仙界的那个交界便是了

止止庵始建于晋代，距今已有 1700 多年。此庵背靠大王峰，峻峭阳刚；面对九曲水，秀丽阴柔。左有天柱峰，右有铁板嶂，像一把金交椅。活水的对面还有山，案山像屏风一样四面群山环抱，使明堂形成聚气之窝。背有靠，前有抱，左右可托。

止止庵对面的山，东边观音石象旗，西边兜鍪峰象鼓，当中是神案，左旗右鼓，旗鼓相当。这种景象与气场，独此一处。白玉蟾在《止止庵记》中写道："盖武夷千崖万壑之奇，莫止止庵若也。"

入得山门，迎面一棵百年苦槠老树，恰有一根新竹从朽空的树洞中破树而出，生机的翠绿和老朽的枯黄形成了鲜明对比。老树新竹，正好诠释面对山门而立的一方古石刻"有缘"。

老树新竹

百年梅树

在山门的中轴线上有一棵百年梅树，它生于岩缝间，从一个主根上分出一二三根枝叉，应和着老子的"道生一，一生二，二生三，三生万物。"成为自然天成的道树。

远处大王峰侧仙鹤岩上有一棵檀香树，岩石上生出的这棵小巧玲珑的檀香树和高大伟岸的大王峰相对而立，形成鲜明的对比。新竹、白梅、檀香树，三点一线，形成天地间特有的道家中轴线景观。更为神奇的是，树下的岩石也形似蟾蜍，和"止止壶天"岩石上下相望。

常说山以人显，自古多有高人羽士在此修元养真。白玉蟾在南宋嘉定年间主持和重建止止庵，开创了止止庵的鼎盛时期。"止止"取自庄子名句"虚室生白，吉祥止止。"当行则行，当止则止，行易止难。止止庵山门前有一副对联："仰其百千仙道始悟道非可道应行便行，到此十六洞天方知天外有天当止则止。"

白玉蟾在止止庵修行的洞府"止止壶天"，上方蓝天为壶盖，四周群岩为壶身，前方九曲溪为壶嘴，此洞府正是壶中心。洞的外形神似金蟾，洞内有一蟾蜍，通体金色，我几年前来时常见此金蟾现身。

洞府后面的白真人祠也坐落在止止庵所在的中轴线上，为无墙无壁的石造建筑。青龙白虎相依，左右两水相汇，案山形如金蟾，明堂不大，自成洞天。祠前的一块高于地面的天然原石，传说是白玉蟾当年打坐之地，是武夷山的一方奇石。

白真人祠

仙鹤岩蟾蜍石

白真人祠前的蟾蜍石

在神仙谱中白玉蟾是蟾蜍仙，止止庵中奇石多似蟾蜍。我还惊奇地发现，仙鹤岩的形状也像蟾蜍，和山下白真人祠前的蟾蜍石形状相似，面面相对，在中轴线上遥相呼应！

白鸡冠茶是武夷岩茶四大名丛之一，相传是由白玉蟾发现并培育的茶种。白鸡冠茶有玉米清甜，茶汤落喉恬静，清香甘美，回味悠长。叶底柔韧如绸，黄叶红边，色泽鲜艳，以其独特的调气养生功效成为道茶之尊。以止止庵中清泉水煮饮，尤为悟得。

> 仙掌峰前仙子家，
> 客来活火煮新茶。
> 主人摇指青烟里，
> 瀑布悬崖剪雪花。
> ——《九曲櫂歌十首》之一　白玉蟾

止止庵外一泓碧水，庵内一脉青山。大王峰麓，三面皆穹壁，溪涧会于其前，不深而幽，不高而敞，堪称仙家胜地。止止庵是历代高人隐士修道之圣地，白玉蟾在此修行多年，天然石穴棲真洞是避世清修的一方净土。看浮云过眼尽散，听山风过耳归静。悟千年之真谛，究人生之短长。在晨钟玄乐里，于翠林竹篁间，于细雨流云中，慢慢品味白鸡冠茶之回味悠长，细细感悟白祖崖洞"止止壶天"石刻的道意深远，人在山，乐为仙。

我和止止庵的缘分颇深，这里也是我最爱去和道士们喝茶赏景的地方。十多年前我曾为止止庵策划制作宣传册并拍摄视频，如今还是常看常新。

归途中，在石门的"灵源一派"摩崖石刻前，有一棵百年老梅树，虽已枯死，但树干还在。每逢雨季，树干上总能生出雪白的蘑菇，和翠绿的青苔一起构成一幅活力美图，引人驻足流连。几年前再去，枯树干也已无迹可寻。

卅一福地

武夷山古时归建州管辖,即今福建省南平市。北宋《云笈七签》中记载,道教七十二福地在建阳有其二。第十三福地为焦源,是尹真人炼丹隐居之所,现已无迹可寻。

第三十一福地为勒溪,后更名为芹溪,从武夷山五夫大干村流出,在建阳雒田里(今崇雒),溪流九曲,萦回九折,和武夷山的"九曲"异曲同工。"五曲"临山曰砚山,在今将口镇东田村,乃是武夷山脉的延伸,汉道人华子期曾隐居此山。

芹溪五曲

芹溪五曲所依砚山传说是因孔子遗落砚台于此山而得名。不过春秋时期孔子携弟子周游列国时，建州还是蛮荒之地，不太可能涉足于此。据《清一统志·建宁府》记载："山有石，端平若案，有微黑点，隐隐若砚，旁有方石，名'书厨'。旧名夫子案山。"村里曾以重金悬赏寻找此砚石，至今仍无发现。

朱熹青年时期居于武夷山五夫镇，常到洛田里拜访隐居在芹溪六曲的表兄、别号"芹溪处士"的邱子野。他曾邀众友弃舟登岸，到五曲砚山寻仙访圣，写下了《芹溪九曲》之《五曲棹歌》，诗中表达了登砚山寻仙而不得的落寞。今日我循旧道再游，更能体悟朱熹当年的诗意。

据杨道长介绍，村民在附近山林中曾发现砚山祖石碑，听村里老人讲可能是纪念道观重建者毛金福的碑。如今，砚山龙脊两侧还有两座小庙的残留地基可寻。

沿崎岖山路登山，一路山石林立，各有奇形，偶见石刻。路边一块巨石前面刻"中峙洛田"，无款无识，意指砚山是洛田里最高的山峰。石上刻有"陈王前珉"，不解何意。

中途可在"高人座"上小歇，做一回借山而高之人。

"高人梯"是一段布满绿茸青苔的石梯，拾级而上，便是峰顶。

高人座

沿青石古道顺山而上，一炷香的工夫便可到达山顶。山顶有砚山文昌宫道观，道观由杨孙两位女冠打理，历时八年，水电上山，十分不易，虽尚简陋，但充满生机。

主殿后的山脉龙脊上有王母殿，虽然不大，但颇具古风。王母神像的眼睛十分传神，仿佛从不同角度都在和你对视。细观王母像坐于一方天然随形石之上，石上有石刻文字，已经模糊不清，依稀可辨"天一"二字和莲花座图案。

天一石刻

随行的小吴发现此石一直延伸到殿后,除去石上浮土,似可作研墨之用。如果这是那方传说中的孔子遗砚,应该是古人先寻此砚石,后建殿,再塑像。我借得笔墨,在此石前即题"砚石"二字以抛砖引玉,留作后人考证。

砚石

"道教第三十一福地"石碑

从道观回来后,在回应山房寻得一方清代石板,刻立"道教第三十一福地"石碑,并为道观拟联和书写,请福州雕刻师张微制作"王母殿"牌匾和对联,为古观增色。辛丑年冬日吉时,登道观立碑挂匾,联曰:"乾合砚石文昌泰,坤升福地瑞气祥。"

砚山不高,有仙则灵。芹溪不深,九曲成名。古人有诗云:"有九曲栽芹,一峰横砚,江上听春雨。"道观虽然简陋,但风景绝佳。写"鹤上人"条幅留墨道观,为新建的茶室添香。

"王母殿"牌匾和对联

如今，芹溪九曲所幸水路尚存，但已不能泛舟，昔日美景不在。幸有朱熹的《芹溪九曲悼歌》，还能让我们感受当年的美景。

桃源洞观

桃源洞又名开源堂道观,清朝时创建于石堂寺遗址。沿武夷山六曲溪畔拐入松鼠涧旁小径一路前行,忽遇一堆乱石截断谷口,似疑无路,石下溪流潺潺有声。绕过"仙源"石刻,几经曲折,便是桃源洞山门。狭窄的石门两旁刻对联:"喜无樵子复观弈,怕有渔郎来问津。"似有婉拒凡尘之感,和门后的仙弈石于幽静处相呼应。

一入洞门豁然开朗,峰岩环拱,满园桃花。徐霞客在其游记中记录桃源洞曰:"四山环绕,中有平畴曲涧,围以苍松翠竹,鸡声人语俱在翠微中。"桃源洞宛如陶渊明笔下的世外桃源,有"武夷山第一幽绝之所"的美名。

入门即遇一四方巨石,状如方砖,迎面刻有"问津"二字,此典故出自陶渊明笔下《桃花源记》中渔人寻找古渡口进入仙境的故事,正好在此迎接前来的寻仙问道人。

问津石后壁溪流洞内石壁上有"高山流水"岩刻,藏得如此隐秘。高山流水会知音,来者尽是知音人。

正面有陈省题刻"云石堂"石刻隐藏于绿藤青苔之中,据说是指云游神仙挂单之处。

桃源洞山门

问津石刻

高山流水

桃花源道观背靠天壶峰，山峰形似茶壶，和止止庵的止止壶天有相通之处。此处原有天壶道观，山门临绝壁而建，开门即是白云，可惜已经无迹可寻。

寿桃石右侧就是史书上记载的"金砖泉"，从岩罅里涌出的一股山泉蓄成一口水池，和前面的小溪一动一静相映成趣，与堪称"老子天下第一"的老君岩雕一大一小遥遥相望。

寿桃石

古人择地而居，常和水源相关，古观必有古泉。几次来桃源洞，因为没有醒目的标志，都没有注意到金砖泉，想来游人也是如此。和道长商量，择一方河石，刻"金砖泉"于泉上天然凹处，大小也为古泉立个名。

归途再望寿桃石，忽然觉得石形很像道士冠。道修长生，道巾正中刻"寿"字是再恰当不过了。再看道观殿前楹联更觉颇有深意：

洞中洞洞见洞中洞，
天外天天成天外天。

千年儒释道

龙济道院

白塔山位于星村镇与建阳市麻沙镇交界处，地势险峻，海拔1553米，山上立有武夷山1号界碑。

明代《建宁府志》中记载："龙济道院，在周村里白塔山，乃三皇元君修炼地，乡人建院祀之。明洪武三十二年重建。"道院内有殿，外挂"第一天"匾额，细观"一"字内有"离"卦，象征火，为光明接连升起，太阳东升西落之表象。

龙济道院"第一天"匾额

沿道院右侧数百级石阶而上，登临山峰最高处"烧香顶"。峰顶有巨石屹立，黑白层叠，犹如宝塔，山峰由此得名。峰顶居高致远，云蒸霞蔚，是观日出的佳境。

道院西侧岩壁上，有摩崖刻石"世竖还真"

清道光十年（1830年）建有"白塔洞天"石屋，原为铁瓦盖顶。正堂上方题字"三峯"，有人们供奉的三位娘娘之香位和神像。洞天殿外有四方观景台，虽已坍塌，但仍有顶天石柱矗立不倒，石柱上刻有"天然笔架之山，神仙栖息之所。"门前大石侧面刻有："五景岩中磴接天，魏然独视卧云眠，该亭拟是神仙府，石室藏珠玄又玄。"

"白塔洞天"石屋

白塔山所在武夷山国家公园内有雷公口水库，水品极佳，经58公里的函道引入南平市做饮用水。函道经白塔山下时偶然打出一股山泉，用独立管道引出，用此泉水泡茶，虽然水质稍硬（TDS[①]50），但茶汤顺滑细腻，口感上品，实可称奇。

古时白塔山香火极旺，从武夷山星村方向到山脚下的玄天道观，需沿五千级台阶古道登顶。玄天道观四周有先人种植的野茶，受山水的滋养，品之独特，我为其取名为"玄天一叶"。

---

① TDS：总溶解性固体物质（Total Dissolved Solids），是指水中总溶解性物质的浓度。TDS值一般用于衡量纯净水的纯净度。

翠峦道院

东晋名道葛洪曾驻足葛仙山翠峦道院。道院门前清光绪甲午年的石匾仿佛在诉说着古观的悠久历史。

明代《武夷山志》和《建宁府志》中记载："翠峦道院在葛仙山，殿宇皆铁瓦。"铁瓦覆盖，以示尊崇，长久永固。相传葛洪在武夷山脉一东一西各建一座道观，他常往返于两个道场修道炼丹。道院内有七口隐蔽的水井，常年不涸。翠峦道院已荒废多年，近年幸有魏道长玉松子发愿复兴，于今已经初具规模。

沿古道上山，沿途有奇石怪松，有"试剑石""仙人床"等摩崖石刻。"仙迹"石刻石上有一只左脚脚印，据说右脚脚印刻在江西铅山葛仙山上，可谓隔空相望，遥相呼应。

最有意思的是道观右侧松林中的一面岩壁，绿藤缠绕，青苔覆盖，壁下有个小洞孔，酷暑天气可以明显感觉到有习习凉风从风口吹出，颇为神奇，不由得想到"仙风道骨"几个字，如果随形就势刻上，应该别有一番情趣。

天开紫极

仙人岩位于武夷山市郊南端的"小武夷",独立于丘陵茶园之间,孤峰突起,出类拔萃。从远处天花道观的峰顶遥遥望去,仙人岩就像是北斗七星"勺柄"上的那颗。《北斗经》云:"老君曰,北辰垂象,而众星拱之,为造化之枢机,作人神之主宰,宣威三界,统御万灵。"

仙人岩四面绝壁，近乎竖直的岩壁上似有不少深凿的方孔，也许古时曾有护栏。虽有开凿的阶梯可踏，但陡峭险峻，需手脚并用攀爬。仙人岩岩顶有座荒废的道观。登顶观景，一览众山，对老朽来说是可望而不可即的事。幸有朋友沿绝壁攀岩而上，在岩顶的摩崖石刻前驻足长久，在模糊的字迹前揣摩先人的留言："若登天然"。在山东泰山的云步桥下也有一方"若登天然"石刻，两方石刻遥相呼应，暗合着"东周出孔丘，南宋有朱熹，中国古文化，泰山与武夷。"

在仙人岩的半山腰，有两块巨石斜倚于石壁之上，似是登顶的天梯，形成东西贯通的石洞。洞外崖壁上有石刻"天开紫极"和"玉虚阁"，铁画银钩，入石三分。

若登天然

"玉虚阁"和"天开紫极"石刻

从某个角度看，洞形好似一片茶叶。洞内有残灶余灰，似曾有人在此隐逸。煮水烹茶，仰观天，俯观地，手把天地人"三才杯"茶盏，悠然自得，在晨曦中等待那一缕初升的朝阳，左手托盏，迎紫气东来，右手开盖，品紫气氤氲。摆一道"若登天然"茶席，体验一把"寂绝乘丹气，玄明上玉虚"的快意。

从仙人岩岩顶俯瞰山下的茶园,有"大地指纹"之称,具有独特的美感。

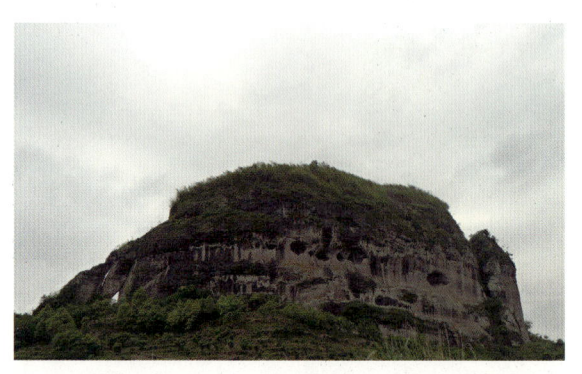

仙人岩远景

更令人惊奇的是，经友人指点，远观仙人岩全貌，岩石两端竟有阴门阳根分立，天地造化，浑然天成，"玄之又玄，众妙之门。"

仙人岩阴门

仙人岩阳根

三丰故里

张三丰,邵武市和平镇坎下村坑池自然村人,俗名张子冲,因其常年不修边幅,又名"张邋遢"。清代《福建通志》中记载:"张子冲号三丰,邵武坎下人,卖柴为业,常遇吕岩于建阳龙游桥上,归遂弃妻儿,寄迹北胜寺,又创建翠云庵,居止无定处。"

位于金坑乡大常村的张氏家庙建成于清乾隆十四年,据考证为张三丰祖地。宋徽宗崇宁三年,张氏始祖肇常公从江西抚州迁入此地。家庙门口贴有道教门神"神荼郁垒"。

家庙为三开间，五进三厅，古朴凝重。家庙由群山环抱，门外溪边有块黄蜡石棋盘石，据传张三丰的爷爷曾带他在此对弈。

棋盘石

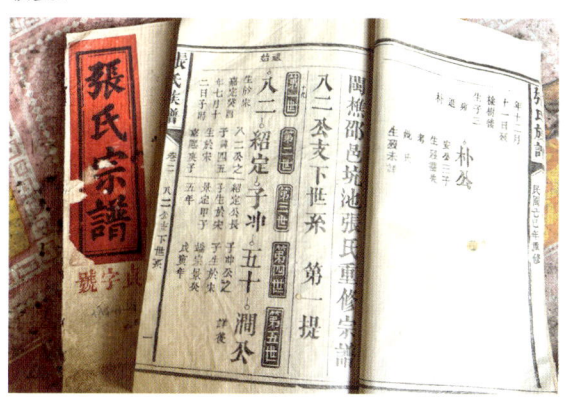

张氏宗谱

据《张氏宗谱》记载，张氏初祖张鬻官至三州刺史，《隋书》六十四卷有《张鬻传》记载，至张三丰已是二十一代。

张三丰的出生地位于离大常村 20 多里的坑池村。据族谱记载："八二公生绍定公，张子冲生于宋景定甲子五年，绍定公长子，生子一，名五十。"

位于坑池村的张三丰出生祖屋基本结构保存还算完好，只是年久失修，急需保护性修缮。

祖屋前有张氏家庙，清同治十二年（1873 年）建，庙内供奉张子冲和夫人黄氏的神位。木梁雕刻精美，足见当年的气派。壁画人物生动，色彩斑斓，能保留至今实属不易。

祖屋后山垅田中有一方一圆两口泉水井，据传是张三丰所造，至今仍清澈见底。泉水从井底连绵不断地冒出，像一串珍珠在阳光下闪烁着光芒，品之清凉，甘甜可口。

祖屋后有武阳峰、翠云峰和留仙峰，张三丰常在此三峰修炼。三丰道场翠云庵几度荒废，尚有迹

祖屋大门

祖屋木梁雕刻

仙人井

可寻，石门额上有"翠云仙峰"的石匾，道观中还保存有元代刻字"至正戊戌季秋月立"的石柱础。古房曾有题梁："金谷翠云峰，开山张子冲，官天儿择日，王朗墨绳工。"

庵右侧山脊还有传说中至今寸草不生的张三丰炼丹地。

留仙峰峭壁上有一石龛，龛内嵌着一方明万历戊申年立的麻石碑，和"金谷翠云峰，开山张子冲"相互认证，碑文中的"开山金谷张真人"即张三丰。清乾隆版《武夷山志》中记载："张三丰，俗称张邋遢，尝游武夷，饮通仙井水，曰：不徒茶美，亦此水之力也。"清乾隆二年（1737年）《福建通志》亦载："崇安县御茶场，武当张真人至此饮。"

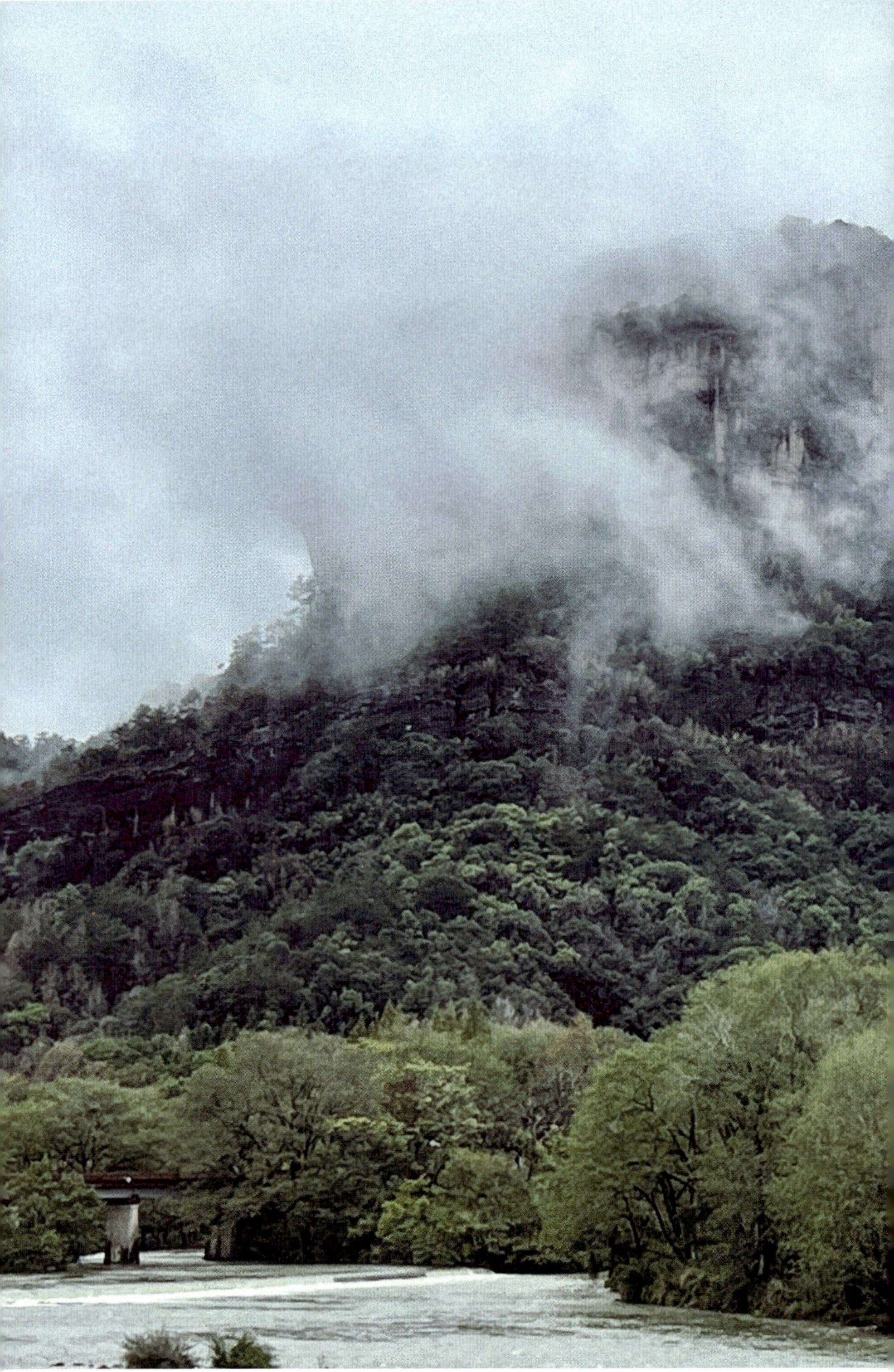

貳 万古山水茶

水仙母树

晚清学者郭柏苍所著《闽产录异》中记载，水仙茶树发源于"瓯宁县之大湖"，即现在的建阳区小湖镇大湖村。

另据民国十八年（1929年）《建瓯县志》中述："水仙茶，质美而味厚，叶微大，色最鲜，得山川清淑之气。查水仙茶，出禾义里大湖之大山坪，其地有岩叉山，山上有祝桃仙洞。西墘厂某甲，业茶，樵采于山，偶到洞前，得一木似茶而香。遂移栽园中，及长采下，用造茶法制之，果奇香为诸茶冠。但开花不结籽，初用插木法，所传甚难。后因墙崩将茶压倒发根，始悟压茶之法，获大发达，流传各县。而西墘厂之茶母树至今犹存，固一奇也。"

贰 万古山水茶

茶叶专家张天福先生于1939年发表的《水仙茶母树志》中记载："清道光（1821年）有泉州苏姓者，业农，寄居大湖（属水吉）。一日往岩叉山，……经桃子岗祝洞下，见树一，花白，类茶而弥大，……偶折一枝，缀竹笠上，抵家后，觉叶溢清芳，始试以制乌龙茶制法制之，竟香洌甘美，遂将是茶移植西墘家前。"

又有《民国崇安县新志》中云："道光时由苏姓者发现，繁殖渐广，因名其茶为'祝仙'。水吉方言'祝''水'同音，遂讹为'水仙'。清末始与乌龙移植于武夷。"

这些文献记录了水仙茶发源地和压茶法人工培植的来龙去脉。经张天福确认，水仙茶发源于清道光年间，距今已有二百余年历史。

"但追溯至20世纪80年代，史志记载的三株水仙母树，历数百年后已不复存活。1988年旅居中国香港地区的大湖籍茶商黄子峰特捐款为'水仙茶母'建冢立碑于原址。2008年，适值水仙茶母辞世20周年，大湖村民委员会立碑以示永记。"可惜碑文中的"业茶"错写成了"业荣"，实在不应该。但碑文尊重事实，直言水仙母树已死，此景只是纪念墓冢。

从大湖村岩叉山车行约一个半小时，可到祝桃仙洞。山洞距地面有两米多高，洞内有"祝桃仙之神位"石碑，洞外水仙母树已无迹可寻。据传清

山洞距地面有两米多高 　　　　　"祝桃仙之神位"石碑

祝桃仙洞洞形颇似仙桃，洞旁有刻字：水仙发源地

道光元年也曾扦插移植到小湖镇双狮历村，此地山高坡陡，云雾缭绕，溪水蜿蜒，群山环抱，适宜茶树生长。所产水仙口舌留甘，香气高扬，闻名远近，清光绪年间以"岩叉水仙"出口为最。

闽派水仙茶形成脉络：
清道光元年（1821年），水仙茶母树被发现于建州府小湖村岩叉山祝仙洞。
清宣统二年（1910年），小湖水仙茶获南洋劝业会金奖。
清光绪年间，建州水仙茶进入历史上第一个兴盛时期，其中以"岩叉水仙"出口为最。当时每年经建溪、闽江至泉州港出口达万余担，畅销南洋、美国旧金山、英属婆罗洲等地。至此，建州水仙茶蜚声海内外。
民国三年（1914年），小湖水仙茶再获巴拿马展览品赛会一等奖。

百 年 水 仙

建阳书坊村历史悠久，曾以雕版印刷闻名，被誉为"图书之府，建本之乡"。书坊所在的古街充满了书香气息，古街尽头双眼古井右侧有座古色古香的小院落，门口的"水仙园"门额尤其引人注目。这是一座刘姓私人院落，里面竟然藏着赫赫有名的老丛水仙王。

院内所栽种的水仙茶树是清同治年间建阳崇化里（今书坊村）人刘登惠行医到瓯宁县（今建瓯市）大湖村，买回15株水仙茶苗，栽植于自家厝地药圃的。

由于院门紧锁，我们一路打听到院落的主人家，请求进去参观一下，没想到主人非常爽快地把钥匙丢给我们，让我们自己去看，看完后把钥匙还给他就行，这令我们不由得感叹书坊村的乡风真是淳朴。

推开水仙园的大门，"建绝奇珍"石碑立于正中，乃建阳书法家协会主席李家钦所题。石碑后面有碑文："水仙园简介，古水仙茶树十五株，清同

治四年（1865年）崇化里刘登惠栽种于此。现已成为全国范围内树龄最长、树冠最高、树幅最宽、树围最粗的水仙茶树王，被新华社著名记者袁苍称为盖世之宝。"作为福建省茶树优异种质资源，编号：闽HW005。

水仙园占地 756 平方米，青砖铺地，青苔如锦，细观地面图案，中央半圆形为天，每九块青砖铺就成一条放射线形状，共有七条，随后几块方砖为地，方砖两边呈人字形铺就，整体图案寓意天、地、人。

四周的高大土墙为茶树遮风保温，院里有一池泉水，泉边有一棵高大楠树。小院里的 15 棵水仙茶树享受着天然泉水的滋润和楠木落叶腐殖质的滋养，虽然树龄已超过 150 年，但是仍然郁郁葱葱，充满了勃发生机，谷雨时节前后可采春茶青叶 565 公斤。

漳墩白茶

宋徽宗在《大观茶记》中写道:"白茶,自为一种,与常茶不同。其条敷阐,其叶莹薄,林崖之间,偶然生出,虽非人力所可致……表里昭彻如玉之在璞,它无与伦也。"想不到离回应山房仅40公里的漳墩竟然是白茶的发源地。

清代《水吉县志》中记载,白茶最早产于建州瓯宁县紫溪里南坑,即现在的南平市建阳区漳墩镇南坑村。

村里民居的中堂多供奉"天地国亲师",是中国儒家祭拜的对象,是民间祭天地、祖宗和圣贤的综合。祛病辟邪的神符也常在此悬挂。中堂房梁上悬挂着五谷彩袋,祈福来年五谷丰登,收获接天。

清乾隆三十七年(1772年),南坑村肖氏兄弟采当地菜茶嫩芽制成白茶,成为热销产品,因茶叶表面密披白毫,俗称"南坑白",也叫"小白"。这是有关中国白茶制作的最早记录。绒毛般的白毫布满茶叶条索,酷似寿星的眉毛,因进贡朝廷而被称为"贡品寿眉"。肖家的茶厂"上林厂"

贡眉白茶"上林厂"遗址

遗址仍在，从环山临溪的环境和茶厂规模来看，可以想象出当年南坑白茶的产销之盛。

20世纪90年代，漳墩贡眉就是顶级白茶的代名词。当时建阳白茶占全省白茶总产量的半壁江山，主要以漳墩地区的"小白"为主。

漳墩古称紫溪里，制茶历史可追溯至五代时期。据文献记载，当年紫溪里属于北苑贡茶区的北区，元大德年后北苑渐废而武夷兴，南坑茶被列入武夷属区，所产均称武夷茶。

在漳墩的杭下村至今还保留着一片数百年的老茶园，为漳墩贡眉母树保护基地。据专家考证，这片茶园的历史不晚于1750年，也就是清朝的乾隆年间。

250多年树龄的老茶树根

漳墩贡眉母树基地坐落于半山坡，地势平缓，茶树与林生草木共生，百年来山水树木间生命力的感知，赋予了母树白茶独特的清凉气息，细腻且鲜活。漳墩母树白茶的产量很低，这十亩黄金地的年产量仅约60公斤，弥足珍贵。

据茶园主人罗先生介绍，唐宋时期村里有座大庙，附近的茶山都是庙产，原本这里的地名叫庵后垄，

后来寺庙毁于战火，茶山被分配到了村民手中。这片茶园在多次改种大潮中得以幸存，成为珍贵的白茶母树十亩黄金地。

中国人对紫色茶叶的推崇由来已久，陆羽在《茶经》中就曾强调"紫者上"。现代科学也证明了紫色茶叶中富含对人体有益的花青素。这片茶园的紫芽种特别多。

明代田艺蘅在《煮泉小品》中称："茶者以火作为次，生晒者为上，亦更近自然，且断烟火气耳。"真茶无色，真水无香，汤淡非薄而茶气充盈，正是优质白茶的可爱之处。

正山红茶

在武夷山街头经常可以看到一个广告牌,上面写有"茶分六类,武夷有双。"说的是武夷山出品岩茶和红茶,占中国六大茶类的六分之二。武夷山是红茶的发源地,曾几何时,武夷山红茶曾经风靡世界,成为西方王公贵族们竞相追逐的奢侈品。《崇安县新志》记载:"英吉利人云:武夷茶色,红如玛瑙,质之佳过印度、锡兰远甚,凡以武夷茶待客者,客必起立敬之。"

云窝景区内有一方立于清乾隆二十八年(1763年)的洞碑刻,是正山小种红茶的最早记载。"星村茶行办理其松制、小种二项,毋许丁胥、差役人等勒买"。"松制"即为至今发现最早的烟制正山小种红茶的名称和制作工艺。

2013 年，我首次到访正山小种和金骏眉红茶发源地正山堂，曾留下"禅道"二字和"品正山，得自在"的感慨。八年后再访正山堂，适逢雨后，山清水秀，云雾缥缈，宛若仙境。

双泉山　　　　　　　　　　　　观音坐像下方两眼泉水

桐木关双泉山顶上的观音寺，护佑着一方山水灵芽，观音坐像下方有两眼泉水。这般环境得天独厚，孕育了正山红茶。

一堆乱石中，偶见一颗茶籽随风飘落于石壁，顺势而生，经雨露滋养破土而出，生机盎然，显示出顽强的生命力。期待有朝一日落于杯中，再展芳华。

八年前留字后不辞而别,没有留下联系方式,期间常有朋友告诉我在正山堂书画院看到我写的禅道二字。书画院内各路名家墨宝甚多,我这无名小卒受此偏爱,颇有心灵相通之感。八年后再遇正山堂主人江元勋先生,相见如故,在八年前的留墨前合影,感受颇多,灵光一现,再书"正山"合体一字,倒也别有一番情趣。再以金骏眉红茶茶汤书写"元正"标志,别有意味。元正启祚,万物咸新。

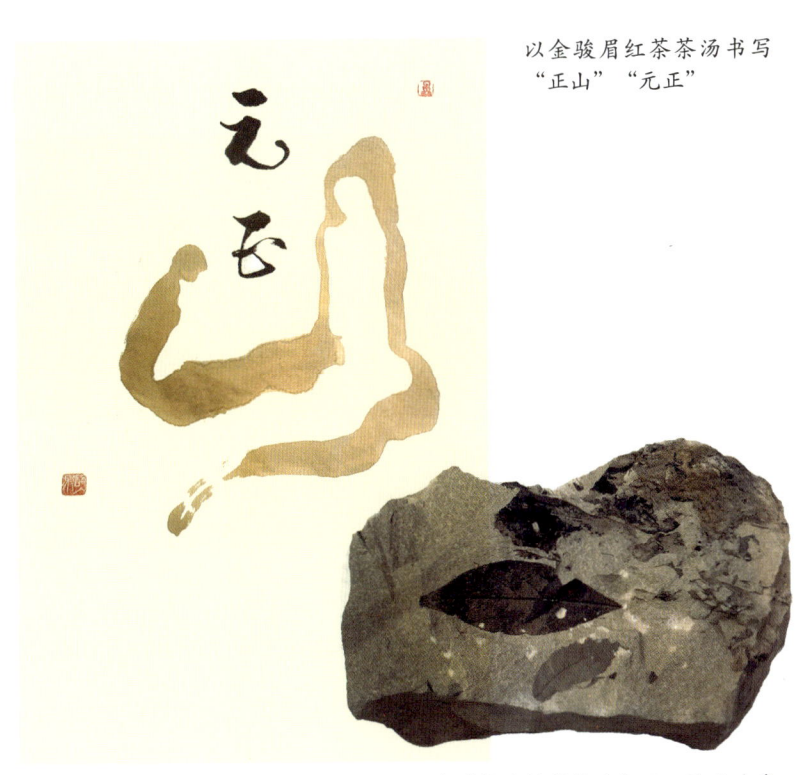

以金骏眉红茶茶汤书写"正山""元正"

正山堂博物馆馆藏茶叶化石,弥足珍贵

龙须仙茶

在武夷山角亭村一角，有座始建于清代的显善庙，庙门上居然有"皇封"的匾额，细问才知道庙因茶起，茶因庙显。

显善庙因龙须茶而出名。武夷山龙须茶已有300多年栽种历史，早在清康熙年间福建省崇安县令陆廷灿所著的《续茶经》中就有记载。龙须茶采制方法：连枝二寸，剪下烘焙者，谓之"凤尾龙须"。

龙须茶是纯手工茶，作为道家的传承，把整理好的条形茶叶用代表阴阳五行的五种彩色丝线捆扎成一束，作为供茶来供奉神明。而用红绳和白绳绑的茶则用于红白喜事。

龙须茶品种特色介于烘青绿茶与乌龙茶之间，品饮花香高扬浓长，醇厚甘爽，煮饮更为适口。由于每束茶都需要手工挑拣和捆绑，对外形要求很高，成型后像站立的毛笔头，很难量产。龙须茶造型考究，制作工序独特，理条扎束是一道心细手巧的工艺，每逢制茶季节，庙里都有不少妇女一边口念经文，一边捡茶绑捆，弥足珍贵。龙须茶因其祭祀和养生功能，近年来逐渐受到更多茶客的关注。

龙须茶制作传承人杨东平先生和显善庙有悠久的渊源，他的家族中几辈人一直在守护寺庙。不知是何原因，庙内供奉的竟然是杨家将中的杨四郎，也许是和杨姓有关，这倒更像是杨氏家庙。

显善庙的香火曾经非常旺盛，主要是因为庙里的道医用自己的民间独特方法治疗各种疑难杂症。而龙须茶则是作为驱邪避毒的药引子入药，从而更加具有神秘色彩。

庙里还供奉着杨冬平爷爷的奶奶从闽南请回来的药师神，每年农历正月十八日和十月十二日举办的庙会中还保存着很多民间祛病辟邪的风俗。

龙须茶早年曾因出口东南亚而名噪一时，之后曾断代有二十余年。近年来杨先生一直在恢复和推动龙须茶的复兴，如今龙须茶已经成为武夷山除岩茶和红茶之外的第三类名茶，并且有了加工工艺制作标准，期待龙须茶再度辉煌。

寻茶漫道

"溪边奇茗冠天下，武夷仙人从古栽。"武夷岩茶名丛品种琳琅满目，风味万千。相传"茶祖"吴理真引种武夷建溪茶种到四川蒙顶山，"昔有汉道人，蕉草初为祖，分来建溪茗，寸寸培新土。"

原武夷山农业局局长罗盛财先生就是武夷岩茶品种名丛的守护者，不愧被称为"武夷岩茶界的袁隆平"。罗老半个多世纪钟情于武夷山茶叶名丛研究，躬身茶事，执念初心，寻遍武夷山，发掘培育名丛品种。罗老于七十七岁高龄出版新著《武夷茶名丛研究》，集半个世纪研究之大成，令人钦佩。

罗老治印：寻茶漫道

龟岩形似石龟，昂首向东

适逢罗老新书出版，在罗老家品尝由他培育的名丛品种"金罗汉，玉麒麟"。在请罗老为新书签名时得知他有一方亲自手刻的印章"寻茶漫道"，"漫"指的是漫山遍野，这方印章实在是贴切地道出了罗老半个世纪的心路历程。

龟岩形似石龟，昂首向东，传说是山中得道的神龟，是镇守武夷山洞天仙府南大门的守护神兽，从我居住的回应山房可以遥望见龟岩。

罗老在此地建立了他的第三个品种基地，他在此地培育名丛，是种质资源稀有名丛的守护人。龟者，寿也。东汉曹操《龟虽寿》中有诗句"老骥伏枥，志在千里"，正应和了罗老在龟岩的壮心不已。

罗老的家乡在福建古田。朱熹当年在古田三洋镇兰田书院讲学，书院后山的石壁下有一古池，清泉从池底冒出，终年不断，"其池无论春冬，月初出时，即照此池，故名"。池壁上刻有朱熹手书"引月"，落款"茶仙"，朱熹自幼爱茶，晚年以笔名茶仙自称。在摩崖石刻字边的岩缝里有一棵老茶树，茶叶因此得名"引月"，罗老近年来在武夷山培育了这棵茶树单株，如今已有三株幼苗长成。

武夷山上有仙茶，关于大红袍母树的传说众说纷纭，从罗老的口述和书中可以获得亲历者的真实描述。大红袍母树生长于九龙窠的绝佳位置，四面岩石高耸环绕，岩壁青苔湿润，云雾缭绕，日照适中，山风吹过，冬暖夏凉。古人砌石于半崖，垒土于高台，母树终年处于半湿半干、不冷不热的生长环境，成为名镇天下的绝品。罗老因工作关系曾参与大红袍母树的管理工作。

传说大红袍母树源于清代，为岩上神之所有，由寺僧管理，受天灾后十枯其七，仅存一正二副共三株。由综合农场接管后，自然实生苗蓄养成丛，变成同一平台上的一正三副共四丛。1980年对母株进行保护扩种时，又在下方新砌小平台并补种两丛，成为现在的二正四副共六丛。经分析，大红袍母树与"奇丹"品种异名同种，而与"北斗"品种有显著遗传差异，所以常称名丛奇丹为纯种大红袍。

罗老的书中还记录："1946年，张源美茶行带人采摘从天心庙承包来的母树大红袍。"如今回应山房主人应红的爷爷应立炎当时正是受雇于茶行的焙茶大师傅。

北苑贡茶

距回应山房一个半小时车程的福建建瓯市,在宋代时是大名鼎鼎的建州北苑御茶园所在地。宋徽宗在《大观茶论》中评价北苑贡茶:"采择之精,制作之工,品第之胜,烹点之妙,莫不咸造其极。""本朝之兴,岁修建溪之贡,龙团凤饼,名冠天下,壑源之品,亦自此盛。"建州北苑专为皇室制作龙团凤饼茶,惊蛰节气开焙造茶,三月前快马急送新贡茶到京城开封。欧阳修在《尝新茶面圣谕》诗中叹道:"建安三千五百里,京师三月尝新茶。"北宋宣和初年,御茶园精选银丝水芽,创制"龙园胜雪",堪称极品,龙凤团茶的制作达到极致,龙凤吉祥图成为皇家茶专属图案。

北苑御焙遗址位于东峰镇裴桥村焙前自然村,是目前国内发现最早的官办茶叶衙署遗址。北苑御焙茶起源于龙启元年(933年),直至明朝,历经六朝42位皇帝,历时458年,一直都是皇家私家御茶园。

进入御焙遗址，首先被"龙凤池"美景所吸引，由两股泉水汇聚而成的"龙塘"和对面的"凤池"遥相呼应，美不胜收，宋代蔡襄有《北苑十咏》盛赞其景。

龙塘上方有"御茶堂"，曾经是负责北苑督造贡茶的漕司官署的办公和接待场所。从遗迹可以看到自五代南唐以来三个朝代的地基。

"御茶堂"遗迹地基

"御泉"

遗址还存有一眼专供御制贡茶的"御泉"。在宋人姚宽的《西溪丛语》中有记载："建州龙焙，有一泉极清淡，谓之御泉。不用其水造茶，即坏茶味。"井口直径约2.5米，深1.5米，泉水出自黄厝林山，"喊之则出，造毕则竭"。井上原建有御泉亭，东面建有喊山台，和武夷山的遇仙井有异曲同工之妙。宋人丘荷有《北苑御泉亭记》记其详。

凿字岩

前行 20 分钟至半山坡上的"凿字岩",岩上刻有北苑御茶园纪事文:"建州东凤凰山,厥植宜茶惟北苑。太平兴国初,始为御焙。岁贡龙凤上,东东宫,西幽湖,南新会、北溪,属三十二焙。有署暨亭榭,中曰御茶堂,后坎泉甘,宇之曰御泉。前引二泉曰龙凤池。庆历戊子仲春朔柯适记。"

据考证,凿字岩是由福建首任路转运使柯适拟文,末任蔡襄所书。

宋徽宗提到的"壑源之品,亦自此盛"即指当时著名的民间私焙。壑源村的叶氏家族以种茶闻名,"叶家白"等品牌因与当时北苑官焙茶齐名而享誉天下,墙砖上的"叶"字显示叶家曾是村里的大姓人家。苏轼笔下的《叶嘉传》,便是以叶氏家族故事为背景,为茶叶作传。

墙砖上的"叶"字

塱源村摇摇欲坠的清代门楼，镶有阴刻"固我苞桑"

凤冠岩

御焙遗址对面的凤凰山因"如翔凤下饮之状"而得名，山上"凤头"位置突立一方巨石，形如凤冠，人称"凤冠岩"。茶神庙所在的东溪右岸的山叫凤山，为雄；北苑御焙遗址所在的东溪左岸的山叫凰山，为雌。两山隔溪相望，合称凤凰山。凤山上的"凤翅"位置有座建于北宋年间的凤翼庙，祭祀被尊为茶神的北苑御茶园始祖张廷晖。龙启元年（933年），张廷晖将自家凤凰山方圆三十里茶山献给闽王王延钧，闽王将其列为皇家御园，封张廷晖为"阁门使"。因茶园地处闽国北部，故称北苑。

南宋绍兴年间，朝廷赐封张廷晖为"美应侯"，进封"济世公"。在中国茶史上，茶人封神，凤山张廷晖可能是仅此一位，每年的八月初八，四方茶人都会前来祭拜茶神。

茶神庙

茶神庙的独特法印

百年矮脚乌龙老树

茶神庙中有一枚独特的法印，三圈叠套，牛角质地，做工精细，转动自如。外圈刻"为布钱刀之法，宜今源流之用"十二个字，中圈刻十二地支，内圈刻"源流"二字。法印是庙里的财物公章，是世代相传的镇庙之宝。

东峰镇桂林村有15亩190多年历史的老茶园，共有古茶树6090棵，其前身是北苑御茶园。这些百年矮脚乌龙老树正是台湾青心乌龙品种，可谓闽台同根。

佛系岩韵

佛国岩曾经是岩茶圣地,岩下有一座武夷山保存最完整的清代老茶厂,1942 年,老茶厂并入"中央财政部贸易委员会茶叶研究所",科研和教学基地就设于此。一代茶界名流吴觉农、庄晚芳、林馥泉等都曾在此工作,茶学界泰斗张天福就是在这里发明了著名的"918"揉茶机。

怀着朝圣的心情,我从小竹林方向进入佛国岩,一路在茶园和松林里穿行,岩石上的阶梯是前人凿出的古道。

步行半个多小时到达弥陀寺，寺庙于清乾隆七年（1742年）由名僧云松创建，因寺后岩石形似打坐的僧人而得名。弥陀寺是方圆十里五寺之首，香火兴旺。从残留的石垒地基看，原寺规模宏大，建筑分三层，殿堂楼阁配置完善，蔚为壮观。宗恩法师介绍说寺庙曾经是可容纳数千僧人的大戒台。

民国时期，五座寺庵均归崇安县政府管理。作为当时福建省示范茶区，寺内侧房还留有土砌焙坑。寺院原存有一块清道光三年立的石碑，碑刻"临济正宗卅九世重兴弥陀、清源、广宁、佛应、佛国寺"，现已不知去向。后殿山门有门额横书"陀石永继"四字。寺里的老物件已经所剩无几，最有价值的应该是一口整石凿成的水缸，水缸边缘有长期磨刀形成的凹痕。水缸的一面刻有"含天上下"四个大字，旁侧刻有"道光二年夏月 吴梅氏立"。

整石凿成的水缸

寺前的放生池边有一颗编号 51 的武夷山古树名木，老桂花树双杆并生，一面已经劈裂，树心朽空，只剩下树皮相连的空壳，但是老树裂而不倒，仍然是花满枝头，绽放着生命的活力和灿烂。

佛国寺原是弥陀寺的下院，因佛国岩而得名，距弥陀寺 20 分钟山路。

佛国岩岩体方正，岩壁峭立，高数十米，南北横亘约三百多米，岩石颜色为赤赭与垩白相间。原来不解其意，横竖也看不出佛的影子，远观凝望，猛然发现岩首像一尊远望的佛头，整个岩体上各种颜色变化和纹理凹凸起伏，构成了千万佛像，坐立错落，千姿百态，蔚为大观，极目皆图画。

岩下原有佛国寺，如今仅留其名。一座小院石墩木门，青瓦门楼，门额上书"佛国岩"。门两边土墙上的对联已经破损，勉强可辨识推测出："千峰拱秀无双品，迥水轻来第一山。"从白墙上勾勒出的对联的轮廓线，依稀可见其精美程度。

寺庙早已改为茶厂，老制茶作坊基本上保留完整。在这里还可以看到土砌的萎凋槽和焙坑，在焙间和揉捻间之间传递茶叶的"马门"更是难得一见。

民间有传说武夷山岩茶手艺源自杨太白,据民国时期茶叶研究所编印的《武夷山的茶与风景》一书记载:"在武夷山的每个茶岩都有杨太白的神位。"据说杨太白是唐朝江西梧州人,名已失传,他是第一个在武夷山开山植茶的人。

又有说法杨太白在成仙以后,将茶籽散播在武夷山,因此后人传颂"武夷仙人从古栽"。武夷茶人将杨太白配享于高堂神位,供奉于厅堂上首,享人间烟火奉祀。平时一炷香一盏灯,在惊蛰节气春茶开采的"开山"仪式上,则是要喊山祀祖,祈盼风调雨顺,茶事顺利。

当年,老一辈茶叶泰斗能选择佛国岩作为生产和科研的基地,这个正岩产区的环境绝对有独到之处,从岩下的几片老丛水仙的高颜值便可见一斑。

也许是名字中自带气质，佛国岩出品的茶在这个喧闹的岩茶市场中一直保持着一种从容和淡定的气质。兰香水韵三昧手，一句弥陀作大舟，这出神入化的岩骨花香，等待着有缘人的欣赏。

百 年 茶 行

几百年来，武夷山赤石古镇一直是万里茶道[①]上重要的茶叶集散地。在茶叶贸易鼎盛时期，赤石古镇曾经因为有九大码头和百家茶行而辉煌一时，素有"河上往来船百渡，码头灯火彻夜明"的"小苏杭"之称。

古镇茶行街上曾经聚集着几家老茶行，幸存至今并且还在运营的是始建于清顺治年间的乾盛源茶行。茶行内五进大宅子中还幸存有三进老屋，其中，茶叶制作间、茶叶收购厅、银票窗口还保留着当年的原貌。

银票口　　　　　　　　　　二层制茶间

[①] 万里茶道：古代中国、蒙古、俄国之间以茶叶为大宗商品的长距离贸易线路，是继丝绸之路衰落之后在欧亚大陆兴起的又一条重要的国际商道。

根据山西省介休市的《冀氏家谱》记载,晋商冀氏十一代冀文林从明朝嘉靖年间就开始和福建武夷山赤石袁氏茶农合作贩茶。清顺治十年(1653年)创立乾盛茶行,并和袁家合作在武夷山赤石镇成立乾盛源茶行,成为冀氏贩茶源头。清雍正六年(1728年),茶行开始万里贩茶到俄罗斯恰克图。

乾盛源的"源"字有三重含义:"袁"姓同音,有"缘"合作,"源"头活水。

乾盛源茶行

清顺治十年（1653年），乾盛源茶行的老茶票

解放初期，乾盛源茶行停止运营。直到 2009 年，茶行的嫡传人袁秀华遵照爷爷的临终遗愿，重新注册"乾盛源茶行"并运营。爷爷临终前留给袁秀华一批保存完好从未示人的字据和手稿，都是袁家老茶行曾经的茶山地契文件和制茶秘籍，爷爷期望他有朝一日能够传承祖传古法制茶技艺，光复茶行家业的百年荣光。

老铁皮茶箱

做茶青的老竹具

袁家祖上自明代弘治年间从河南驻马店迁居到武夷山，开始从事做茶，直到今天从未中断，茶行的特色产品"白极冠"茶曾经红极一时。道教内丹派南宗五祖之一、南宋高道白玉蟾在武夷山止止庵发现并培育出岩茶名丛"白极冠"，取意极品冠天下，即现代的"白鸡冠"。白极冠茶以调气通脉的独特道茶养生特色，成为武夷岩茶四大名丛之一。

老茶行的建筑细节有很多值得玩味的地方。老屋的锥形天窗具有自然的采光、换气、通风的作用，举头仰望，可以感受"打开天窗说亮话"的奥秘。

老式天窗

乾盛源茶行以百年老字号、百年老茶行、百年制茶世家为特色，成为武夷山悠久茶历史的见证。

山场溯源

1998年，在陕西咸阳汉阳陵出土的植物样品经过近八年时间的鉴定，于2015年被正式证实为迄今为止发现的我国乃至世界上最古老的茶叶遗存，距今约2100多年。样品的鉴定使用Waters QTOF液相色谱/质谱仪器，分析确认出土样品中含有茶氨酸成分。

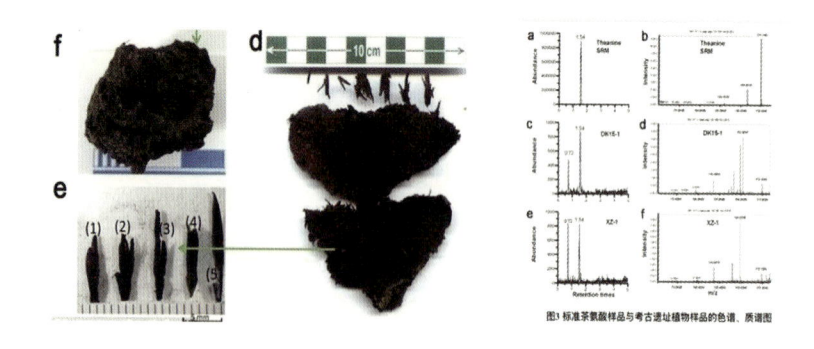

图3 标准茶氨酸样品与考古遗址植物样品的色谱、质谱图

武夷岩茶的独特魅力有很大一部分来自茶树生长的山场环境。不同山场出品的茶之间的区别是客观存在的，但山场之间的差别是很难靠口与舌喝出来的。茶叶评审专家总结出的感官评审标准规范了品饮标准，但要喝出一泡茶的山场出处，哪怕是典型的牛栏坑肉桂也不是一件容易的事情。要掌握这样的技能主要靠多喝，可能喝上一

辈子才能品得一点皮毛。岩茶的审评尤其是分辨山场这件事在大多数人看来就像是一门玄学，可望而不可即。

武夷岩茶这么好玩，高深莫测，我的专业又是仪器分析，何不"科学"一下，于是就想试试用仪器测量出山场的区别。但到底要测什么茶，我和岩茶教室的朋友们谋划和纠结了很久，最终选定了一款名为"七雄争霸"的岩茶新品，它是分别产于七个小山场的肉桂品种，这七个山场分别是慧苑坑的长窠、中场、七路，水帘洞的猪仔洞、凉伞岩、楼梯岩，以及马头岩的赌博岭。

测试在我工作的 Waters 公司分析中心进行，仪器则采用当年公司最新推出的 DART-QDa 质谱系统，它的最大优点是用短短的几秒钟就可以对样品进行直接测量，不需要进行样品制备和分离，实时分析茶汤，快速获得样品的指纹图谱。

我们的评审方法和传统的感官评审略有不同，采用5克茶100毫升沸水浸泡5分钟的泡茶方式，第一泡留给机器测试，我们则用传统的审评方式冲泡和品评余下的茶汤。

用取样的样品棒蘸一滴茶汤，仪器会自动把这滴样品"吸入"取样孔，再对样品进行一系列复杂的分析，这倒是和品饮武夷岩茶独有的啜茶动作有异曲同工之妙。

这次参与"七雄争霸"的七泡茶是刚焙火出来还带着炭火余温的肉桂新茶，我们把浸泡5分钟后的第一泡茶汤全部贡献给了仪器，从而避开了火功带来的燥感，直接进入岩茶山场之"韵"的品饮感受。

我们先审评三泡慧苑坑肉桂的滋味，哪怕是品种和大山场区域都相同，也依然能感受到不同小山场的特征表现。"七路"肉桂是一款经典熟果香的代表，带有入口即化的水蜜桃味。"中场"肉桂可以说是七泡里滋味感最丰厚的，因为丰厚，所以能感受到富裕的植被气息，相比滋味的丰厚，香气就阴郁了许多，这好像一个人的AB两面，一面活跃了，另一面反而不轻盈，馥郁的香气略带诗人气质，这样对比着喝，口感反而立体了起来。而"长窠"肉桂则是香气直接，滋味的脉络很清晰，是一款特别适合在一年内赶紧喝完的茶，这一年里有它最好的年华绽放。

相比慧苑坑的三款肉桂，水帘洞山场的三款肉桂在滋味变化度上的差异就没这么明显了，都是经典花果香的次第渐近，但压舌感比慧苑山场的普遍多一些，舌面上的颗粒感更加直接，这一点和那款马头岩肉桂也是一致的。

经过对仪器测量出的质谱图和PCA聚类分析，结果表明：三款慧苑坑山场的茶汤在特征上非常接近，三款水帘洞山场的茶汤在某些特征上比较接近，而马头岩山场的茶汤在特征上和慧苑坑及水帘洞山场之间有很大的区别。

显而易见，慧苑坑的三款茶一看就是亲兄弟，水帘洞的三款茶若仔细看好像也是一家人，而马头岩的茶一看就是外姓人。

于是，岩茶教室（简称YC）和我（简称SF）有了以下对话：

YC：这样检测岩茶的山场风味有科学依据吗？岩茶的山场有可能通过仪器检测出来吗？

SF：我们这次只测试了七个样品，从这七个样品来看，岩茶的山场是有一定的物质基础支持的，但是仍需要更大量的样品分析数据来找出山场的特征标记物。

YC：到底是什么物质造成了岩茶的风味？

SF：我们今天的检测是一个快速的检测方法，我们看这张质谱棒图，它代表茶汤里不同内含物质分子量及其含量的分布，每一条竖线代表一种化合物。一泡茶汤里可能含有成百上千种化合物，而且有一些风味物质的含量可能很低但是作用很关键，就像调味的味精，这就需要做更复杂的定性定量分析。

YC：这样的分析有什么作用呢？

SF：这个话题包括很多方面，一种是建立产品的指纹标志，比如武夷山的这些"天价"茶，我们可以快速地测定质谱指纹图谱，为每种优质茶建立质谱指纹身份证，这样就能一滴茶汤识真伪。

如果积累到一定的分析样品量之后，分辨山场应该也不是难事。而长期应用的作用就更多了，如果我们把优质岩茶的质谱指纹都记录在案，以后拼配茶这个事情就可以交给仪器完成了，你可以在不同茶叶品种的组合中获得香气最佳、滋味最佳、性价比最佳的拼配配方。

而且每年收集相关的数据也能让我们明白好茶到底好在哪里，如何把山场的特点发挥得更好。武夷山民间有句话叫看茶做茶，就是指全凭经验做茶。而看茶这个事情如果交给仪器可能会更科学，这就是测茶做茶、看谱拼茶。当仪器从大量的样品分析数据中学习人工智能，以后武夷山的斗茶赛评委也就可以由仪器来担当啦。

就像超级电脑要花几年时间才能在围棋比赛上战胜人类一样，岩茶的数据量应该不会比围棋少，一旦仪器学会以后，我们就可以按照那六棵岩茶母树做出的大红袍岩茶的指纹图谱来进行拼配了。

这次分析结果后来在2019年美国质谱年会（ASMS）上发表了。我从事质谱分析行业30多年，能有机会把专业和爱好完美结合，乃是人生一大乐事。

武夷山还有了"航天岩茶"。六种武夷岩茶品种单株种子搭载神舟八号无人飞船于2011年11月1日发射升空,两天后与此前发射的"天宫一号"目标飞行器对接,绕地球飞行16天13小时34分钟后返回地球。岩茶种子在太空环境下发生变异,再返回地球选育新种质。2012年4月14日航天岩茶播种,5月18日种子发芽后移栽盆养。如今在武夷山仙茗岩茶厂大红袍航天诱变育种园圃里,肉桂、金毛猴、铁罗汉、奇丹、雀舌、矮脚乌龙六个武夷岩茶品种种子经过太空诱变后,均出现叶面增大等性状变异,有望筛选出太空大红袍优良株系。初试产品"苍穹"大红袍高香悠远,茶汤细腻,具有典型大红袍的口味特征。

用 水 泡 茶

明代张源在《茶录》中说："茶者，水之神，水者，茶之体。非真水莫显其神，非精茶局窥其体。"

清帝乾隆爱茶及水，出巡时常带一只银斗，精量各地泉水。以"天下第一泉"北京玉泉山泉水为标准，按水的比重从轻到重，排列出泡茶水的优劣等级。今天，我们可以用便携式TDS水质测试笔来测试溶解于水中的固体总量，一般来说，测试值为TDS 10pm左右的软水是比较适合泡茶的。

"茶圣"陆羽的评泉标准是："山水拣乳泉、石池、漫流者上。"宜茶之水以轻、活、甘、冽为佳，轻：矿物质少；活：源头活水；甘：低温低钠；冽：菌群量低。

在《河图洛书》[①]中，古人认为水的生成是"天一生水，地六成之"。现代科学研究证明，若干水分子通过氢键作用而聚合在一起，形成水分子团，六个水分子构成的分子团就是理想的小分子水。

[①]《河图洛书》：中国古代流传下来的两幅神秘图案，远古时代人民按照星象排布出时间、方向和季节的辨别系统。

用核磁共振 17O-NMR 仪器测定水的振动频率的半幅宽度（以赫兹 Hz 表示）可以测定水分子团的大小：半峰值在 90Hz 以下，水分子个数在 10 个以内。天然小分子团水带有地球赋予的自然力，分子团稳定，具有活性，这种活水的渗透力和溶解力比较强，特别适合泡茶。

我和武夷山岩茶教室的一群同道中人曾在武夷山举办过几场评水会。我们用不同的水泡同一款茶，茶水比、水温和出汤时间保持一致，按照岩茶标准审评方法坐杯 2 分钟、3 分钟、5 分钟，盲品定优劣。

优质的泡茶水每道茶汤的 TDS 值都比较高，说明萃取出的内含物质较多，出汤后的数值波动较小，泡茶状态比较稳定，水和茶之间能够相互融合，相得益彰。一般来说，酸碱度为中性的软水比较适合泡茶，宜茶之水可以把岩茶的品种香、工艺香和地域香全面细致且有层次地展现出来。

TDS 值是用来测量水中溶解固体的总量，而不是某种物质的具体值。TDS 值并不能完全预测出茶汤的状态，但好喝的矿泉水因为矿物质含量较高，通常不适合泡茶。岩茶内含物质相当丰富，而软水不会抢茶品的风头，能够较好地释放茶性，清晰地展现茶叶本身的饱和度及层次感。茶性彰显，拜水而和。得佳茗不易，觅美泉尤难，寻觅一泓美泉是爱茶人的夙愿。

原水泡原茶，武夷山宜茶之水比比皆是。明代吴栻以九曲溪为界，溪南泉水"皆洁冽味短，随啜随尽，独虎啸岩语儿泉浓若停膏，泻杯中，鉴毛发，味甘而博，啜之有软顺意"，他用此泉烹出"带云石而复有甘软气"的鲜美茶汤，这可能是关于"岩骨花香"的最早描述。而溪北因"两山形似而脉不同也"，则泉味迥别，他"携茶具共访得北山泉三十九处，其最下者亦无硬冽气质"。

时过境迁，如今这些名泉或断流，或难寻。如今，武夷山最有名的当数"永生泉"了，每日常有排队取水人群。

其实武夷山的水都特别适合泡茶，武夷山自来水的 TDS 值一般都小于 30。这几年我随手测量的 TDS 值：天心寺泉 22，通天河水 13，流香涧 12，妙莲寺鸣泉 10，回应山房泉水 8，桐木溪水 7，上梅金竹泉水 5，仙店农庄泉水 4，而翡翠谷里的一眼山泉水的 TDS 值居然是 2。

永生泉

回应泉

茶生于土，炼于火，活于水。古人煮茶，尤重煎水。虽然煮茶和泡茶有所不同，但是对烧水的理解是相通的。

煎水是泡茶的首要功夫，唯有水之活性方能彰显茶之活性。水贵活，活字又做"千口水"，不仅是泡茶水之要义，多喝活水也是人生长寿之秘诀。

陆羽在《茶经》"五之煮"中有云："其沸如鱼目，微有声，为一沸；边缘如涌泉连珠，为二沸；腾波鼓浪，为三沸。"明代张源在《茶录》中提出的煎水经验以形、声、气对水沸程度进行辨识，水沸如腾波鼓浪，直至无声，气直冲贵，方是纯熟。《茶说》中云："一沸太稚，谓之婴儿沸；三沸太老，谓之百寿汤；若水面浮珠，声若松涛，是为第二沸，正好之候也。"明代冯可宾在《茶笺》中云："况茶中香味，不先不后，恰有一时，太早未足，稍缓已过。个中之妙，清心自饮，化而裁之，存乎其人。"

中国哲学的"中道"之理也是茶道精髓："茶滋于水，水籍于器，汤成于火，四者相须，缺一则废。"

冲泡岩茶，用出水顺畅有力和收水清楚果断的砂铫壶最为适合，以潮州枫溪做工最为著名。

泡茶注水的方法最为讲究，对入水的高度、角度和力度等精确把控可以直接影响茶品。一般来说，高冲出香气，低斟出味道，旋冲出层次，个中奥妙需反复练习方可把握。茶理同食理，适量、少许全靠自悟。看茶泡茶，看人泡茶，知茶运水，运用之妙，存乎一心。

品味岩韵

岩韵

"韵"字本意是和谐悦耳的声音。韵者,古作均,音相和也。苏轼《石钟山记》中云:"余韵徐歇"。韵是有节奏的回味无穷,韵是和谐的律动,就像本无关联的汉字和谐地叠加组合在一起,形成的诗词韵律远超单纯的字面排列,产生出如协奏曲般的旋律,抑扬顿挫,回味悠长。

岩者，合也。岩茶的品种、树龄、山场、环境、天气等因素，以及叠加工艺手段的有效转化，赋予了"岩"丰富的内含物质。而品茶时的环境、空间、气温、心情、用水、火候、水温、力度等因素则决定了"岩"的展现，岩韵之"岩"需要多方因素的完美和合。

韵者，动也。岩韵是用眼、耳、鼻、舌、身、意全方位品味岩茶的完整感悟。水里藏香，汤中有骨。一泡岩茶有香、水、韵的律动，妙不可言，悠然心会，妙处难与君说。

品味岩韵是动态的过程，是口感和体感的全方位融合，是随时间变化而产生的动态感悟。品味岩韵要从初泡到末泡去完整体验一款茶的变化，从花香、果香、木质香的次第出芳，从香、水、韵的依次变化，从茶气在体内的升扬和沉降去体悟。

石乳留香

品味岩韵是一连串的美妙体验，是有层次的空间展开，就像聆听一首协奏曲般曼妙，清则幽远，锐则浓长。"石乳留香""岩骨花香""气味清和兼骨鲠"，前人对岩韵的描述都偏重于岩韵之口感。

清代梁章钜在《归田琐记·品茶》中有精彩记述："余尝再游武夷，信宿天游观中，每与静参羽士夜谈茶事。静参谓至茶品之四等，一曰香，花香，小种之类皆有之。今之品茶者，以此为无上妙谛矣。不知等而上之，则曰清，香而不清，犹凡品也。再等而上之，则曰甘，清而不甘，则苦茗也。再等而上之，则曰活，甘而不活，亦不过好茶而已。活之一字，须从舌本辨之，微乎微矣，然亦必瀹以山中之水，方能悟此消息。"

流香涧

香、清、甘是岩韵之"岩",而"活"更接近岩韵之"韵",需以山水冲泡,更需舌本辩之。某一日曾在流香涧摩崖石刻下布席品茶,以涧水泡涧产老丛水仙茶,一时香溢山涧,果然悟此内涵,印象深刻,历久弥新。

岩者,合也;韵者,动也。回甘的回,余味的余,茶气的气,都是岩韵的律动。回甘就是甜的韵,留香就是余的味,上好的茶都有茶气,气是能量,气的流动伴着发汗和通气,随经脉运行,醍醐灌顶,热在丹田,乃至小腿出汗、脚底发热则是气韵的作用。贯通阴阳,气和神安,才是品味岩韵的至高享受。

浓非厚　　　　　淡非薄

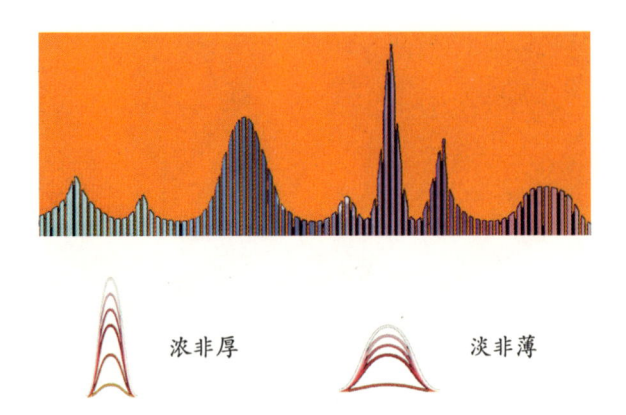

"浓淡"表示茶叶内涵物质含量的多少,即振幅的高低;"厚薄"表示茶叶内涵物质品种的多少,即频率的宽窄,由此我们可以理解"浓非厚,淡非薄"。

《晋书·律历志》曰:"凡音声之体,务在和韵,益则加倍,损则减半。"同理,岩韵的获得需要茶、水、火、器、人、境等元素的和合同频,"岩"的口感和"韵"的体感相辅相成,完美体现。韵存于茶,悟于人。身心专注,活在当下,人和茶的律动和谐同频,达到相互悦纳,人茶合一,才是品味岩韵的最高境界。品味岩韵是一种高层次的精神享受,"此中有真意,欲辨已忘言",须得细心体会,舌本辩之。

朱熹对岩韵的解读全在他的《咏茶》诗中:"茗饮瀹甘寒,抖擞神气增。顿觉尘虑空,豁然悦心目。"

"一碗喉吻润,二碗破孤闷。三碗搜孤肠,唯有文字五千卷。四碗发轻汗,平生不平事,尽向毛孔散。五碗肌骨清,六碗通仙灵。七碗吃不得也,唯觉两腋习习清风生。"——"茶仙"卢仝的《七碗茶诗》跳出了七碗茶的色香味,达到了七种层次的境界。从最初的体感到心理、精神,从口腹之欲到生风成仙,这种妙不可言的茶味体验,才是岩韵的真品味!

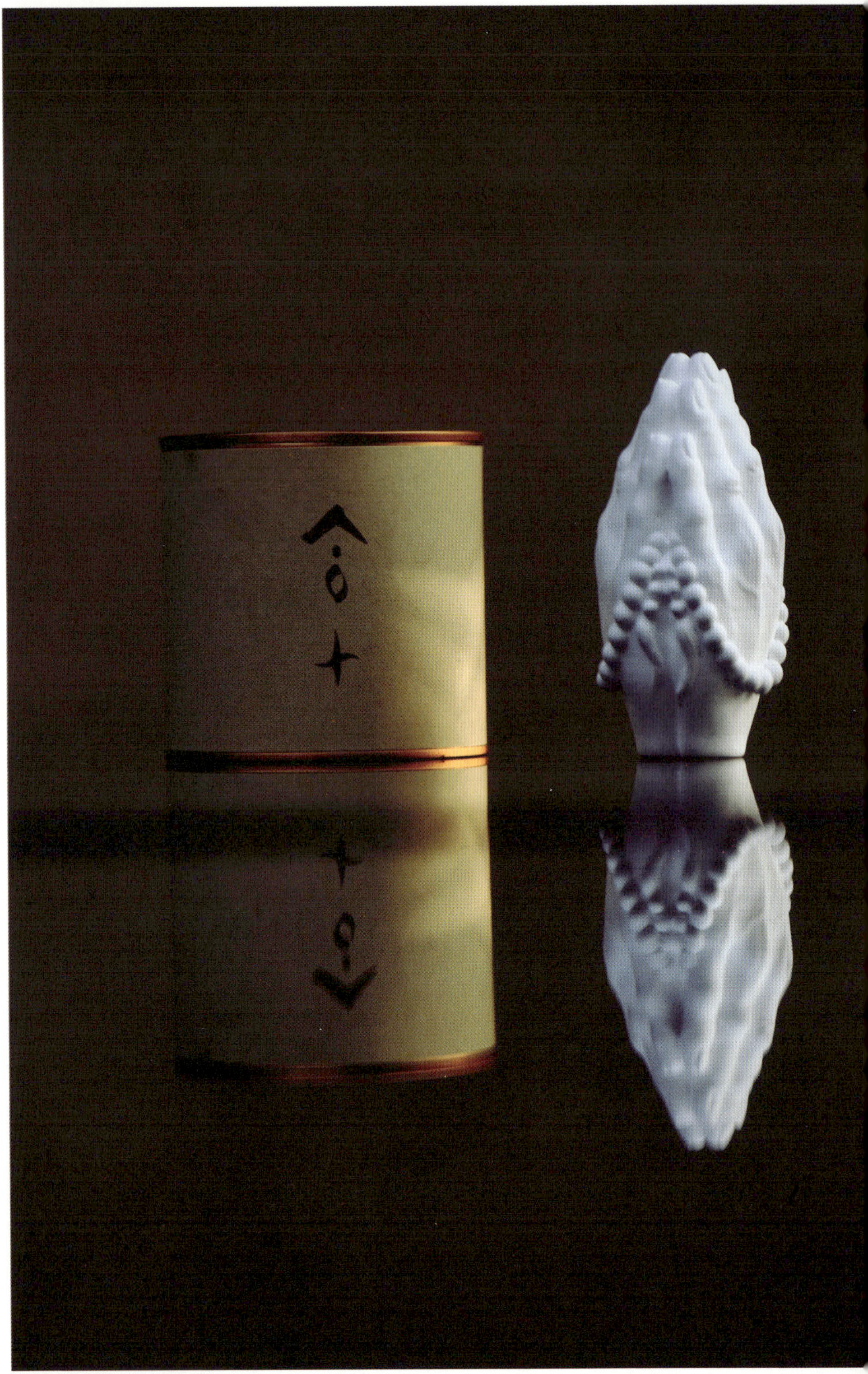

叁

书道法自然

武 夷 碑 林

武夷山九曲竹筏漂流码头位于星村，武夷碑林就掩映在码头旁的一片绿荫中。我曾在2000年参观此地并结识了武夷石碑摹刻艺术家和守护人吴宝云先生。

武夷碑林的妙处在于它把立碑和造景融为一体，碑与景相得益彰，林林总总的石碑石壁点缀在精致的景观之中。碑林内容有武夷山精选摩崖石刻的复刻，有古今名家书写武夷山的墨宝，还有堪称"碑刻艺术世界之最"的卧碑。

据旧志记载，武夷山最早的石刻是晋代郭璞在九曲溪头的"题谶石"，然此石已陨于水，今不存，其内容也似后人所作。

武夷山摩崖石刻作为武夷文化的活化石，遍布于九曲溪两岸和山北的悬崖峭壁之上，是武夷山世界文化和自然双重遗产的重要内容呈现，武夷碑林称得上是武夷文化的浓缩精华。

書道法自然

百米卧碑

武夷碑林于 1995 年 10 月动工，1997 年 7 月 1 日开园，占地 20 亩，共有 100 多块石碑。最有特色的是百米卧碑，内容是明代吴拭的鸿篇巨著《武夷山记》，洋洋 1800 字，书法是由福建省书法家协会副主席蒋平畴先生创作的草书，这是石碑的一个全新创意——古石雕有卧佛，今石碑有卧碑。

"闻月"石碑

碑林中有一方"闻月"石碑，立于三棵桂树之中，颇有一番新意。于中秋之日，在此布一方茶席，泡一壶自制的桂花白鸡冠茶。树上桂，茶中桂，桂桂落水香；天上月，水中月，月月可闻香。"不是人间种，移从月里来，广寒香一点，吹得满山开。"

吴宝云先生专注于石刻艺术，在闽北各地留存石刻上万方。他在武夷山及全国各地搜集和研究朱熹墨迹和摩崖石刻，已整理出百余幅珍品，对每幅作品的内容和状态都如数家珍，计划集结成书。

我非常欣赏吴先生的匠心技艺，特别请吴先生在精选的砚石板上手刻我的两幅书法作品《人在山》和《草木间》，作为茶桌，可观可拓，留作永久的欣赏。

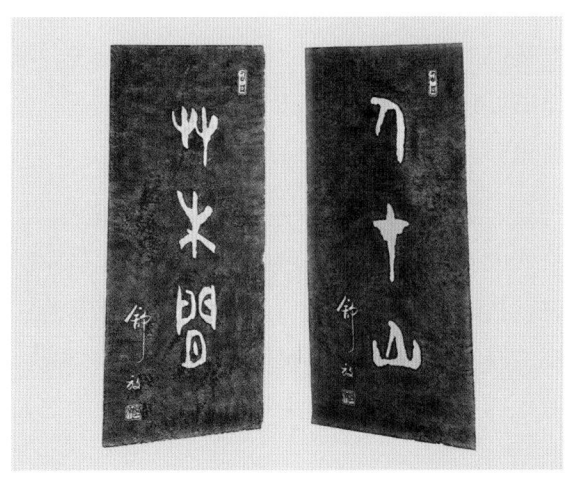

《草木间》《人在山》

云 符 书 道

中国的汉字始于画图记事，经过几千年的发展，象形文字高度抽象，演变成了当今的文字。又因先人发明了以毛笔书写，书画同笔同法，书法便成了汉字的水墨艺术。

在书法诸体中我尤喜草书，草书和灵符有着相通的神韵，它以简单的线条表达丰富的意境，像上古岩画的依形画像一样简约而传神，像甲骨文的空间布局一样灵动而有序。草书兼有虚静以降神、狂迷以出神的画面感，书以载道，象以通神，唯草书可狂，正所谓："意于灵通，笔与冥连，神将化合，变出无方。"

《易·系辞上》云："上天垂象，圣人择之。"自然以征象示人，应会感神，神超理得，道家的符就是沟通天地的书法。书不尽言，言不尽意，观境取意，立象尽意，提炼出书法的神情妙意。清代苦瓜和尚[①]云："古今书画本之天而全之人

[①] 苦瓜和尚：石涛（1642-1708），明末清初著名画家，别号苦瓜和尚。

也。"浮云变幻，流水涟漪，形文意之，水墨记之。有形的笔墨，物化无形的心印。

云符，云彩显示之符瑞；书画，水墨流动之显现，书法就像变幻的浮云，书法就是纸上的云符。自己造个词"云符"，英文写作：information photography，简称"infoto"，意为含有丰富信息的水墨图像，正经的学名应该叫字象艺术，通俗的戏说就是"画字"。

耳顺之后，人生调入静音模式，择武夷山一隅而居，陶然于山水间，沉迷于儒释道，汲泉品茶，观云听雨。慢慢体会清代袁枚在他的《游武夷山记》中对书法的感悟："以文论山，武夷无直笔，故曲；无平笔，故峭；无复笔，故新；无散笔，故遒紧。"三元八会，自然灵动，凝气成书，文者形也。受武夷山丹山碧水、苍壁白云的熏陶，水墨书法也同样孕育出多彩的灵气。书法是与自然的连接，与生命的共振。

仙掌峰

仙掌峰岩壁上"见石面"石刻初看未见新意,再看顿悟,方知是"砚"面

翰墨石

"二曲"仙榜岩的岩壁上布满了龟裂的痕迹,相传是仙家的榜文"虫文鸟篆"。仙榜岩的半壁上有一片黑色巨石形似墨锭,古称"翰墨石",将其比拟为书写仙榜的翰墨。清代学者吴应聘有《翰墨石》诗:

> 临池久不写黄庭,
> 欲向悬崖作草亭。
> 玉女移前为捧砚,
> 揩磨山色一泓清。

"仙掌"饱蘸九曲秀水,砚旋研墨,挥洒于对面的泼墨岩,架笔于远处的笔架峰,盖印于二曲浴香潭中的印石,不愧是文峰圣地,难怪朱熹择此地建武夷精舍,陈省建幼溪草庐。

古人设计的巧妙布局何等气魄，何其壮观，舞动如椽巨笔，书写天地大块文章。

泼墨岩和笔架峰

印石

书画同源

书者,画也。古人绘在岩石上的岩画、写在龟壳上的甲骨文,都是那么生动形象、活泼可爱。无意为佳,在儿童天真无邪的笔下,从随心所欲的涂抹中可以看到这种最无修饰的天然图文。书通天地,源本自然,画传信息,书归天真。毕加索对此深有体会,他说:"当我还是个孩子时,我就会画像拉斐尔那样的作品了,但我画了一辈子才画得像个孩子。"老子则说:"复归于婴儿。"

甲骨文"易玄"

文者形也。董其昌笔下的字自成一体，书风飘逸空灵；张旭和怀素的草书龙飞凤舞、气势非凡，与他们的性情豁达是相应的；白玉蟾为人豪爽侠义，酒量了得，兴致起来，乘酒兴即席挥毫，他的字在像和不像、有和无、动和静之间不断变化。与其说他们是在写字，不如说他们是在写自己。书法最能真实地表达心之所想，手中的笔让线条舞动起来，或写得不是字，或涂得不是画，或它只是一幅"幻出"的无字之字，或只是一幅无画之画。

幻出

道家对书法追求的最高境界叫"放逸"，将心之所想，通过水墨飘逸地表现出来。画取形，书取象；画取多，书取少。有"闲散的笔致，疏空的结构及大量的空白"，空纳万境，白有余韵，放逸是天性流露的最高表达。正巧，"放逸"正是我和回应山房小主人紫逸两人名字的缩写。

道家称上品书法为"逸品",白云出岫,舒卷自如,只可意会,不可言传,它不是物质层面的东西,很难用语言去表达,所以,只能用心去体会,谓之"心画"。

书者,如也;如者,从也。在像与不像之间观物取象,如影随形。艺术作品也许不必一眼就看明白,所以能每看常新。书法亦如此,也许书法的画面感才是书法的最大魅力。

自然的图画原形可以给书法以灵感的启迪,艺术创作的根本是人对大自然的师法。目之所见,书之所画,如灯取影,应目会心,每一幅书法作品都可能是生活映像的再现。清代才子张潮有言:"文章是案头之山水,山水是地上之文章。"

书道法自然

武夷山云窝景区有一道天然的岩石裂缝，它不像通常的石裂那般呈直线崩裂，而是以优美的曲线开裂，坚硬的石壁和柔美的石裂完美地合和，呈现出别样的美。正好和朋友相约在附近的茶寮喝茶，于是一个"约"字在脑海中灵光一现，挥笔而作。

明代费瀛在《大书长语》中云："书者，舒也。襟怀舒散，时于清幽明爽之处，纸墨精佳，役者便慧，乘兴一挥，自有潇洒出尘之趣。倘牵俗累，情景不佳，即有仲将之手，难逞径丈之势。"想要写出满意的字，不妨先让自己纵情于山水之间，与自然融为一体，放飞自我，把精神与灵魂散落在自然万物间，自在自然。放在山水里，它是字；放到宣纸上，它是画。"性之于情，犹波之于水，静则是水，动则是波，静时是性，动时是情。"动情之处，有感而发。

大盈若冲，其用不穷，游走于自然天地之间，随时会触景生情，产生无尽的灵感，总有想把它画出来的冲动。这一画，看起来可能很简单，可这简单的方式里却能表达出复杂的东西，不知所以然而然之。"欲书先散怀抱，任情恣性，然后书之。"心之所思所想，通过笔墨发散出来，书法就是心灵流淌出的轨迹，和刻板地临帖有天壤之别。

舒，就是释放心情，自由展现，可谓字如其名，上书若人。泡茶时一壶一杯，一个"泡"字灵光闪现，有壶有水，茶汤涂抹，信手拈来，自然妙有，正好和那个"约"字相呼应，这种灵感亦不知从何而来，乘兴一挥，潇洒出尘。"浅识书者得其象而不解其意，深识书者得其意而忘其象。"书法是节奏艺术，和岩茶的岩韵有异曲同工之妙。有意境的书法百看不厌，常看常新，回味无穷，水墨的密码就藏在那字里行间。

道符版"舒"字

叁 书道法自然

舞文弄墨

书者，弄也；弄者，玩也。以一个玩家的心态放飞自我，书法这事就变得其乐无穷。乐者不繁，书法用纸多为四尺四开，以免裁纸之繁；玩者不累，涂鸦笔墨均为想而画之，以避苦练之累。

孔老夫子说:"知之者不如好之者,好之者不如乐之者。"米芾管这种玩儿叫"刷字":"要知皆一戏,不当问拙工,意足我自足,放笔一戏空。"

放笔戏空

字如其人。我的书法作品很少签名落款,一名章一闲章足矣,由于逐渐形成了自己的书法风格,再加上茶标的广泛传播,使得我的字体在武夷山有很高的识别度,其实字体本就是签名。

茶汤行书

历史上曾有著名的苏东坡和司马光的"墨茶之辩"。司马光问:"茶欲白,墨欲黑;茶欲重,墨欲轻;茶欲新,墨欲陈。君何以同爱二物?"

苏东坡答道:"奇茶妙墨俱香,是其德同也;皆坚,是其操同也。譬如贤人君子,黔皙美恶之不同,其德操一也。"

在武夷山,每天开门第一件事就是喝茶。每每泡茶时,喜欢观察玻璃公道杯中茶汤的颜色,阳光下,茶叶绒毛在茶汤中上下漂浮,折射出斑斓的色彩,那种清纯色泽令人神往。一日挥墨时,不慎把桌边的一杯大红袍打翻,金黄色的茶汤沿着宣纸的纤维慢慢扩散,像天空的云彩般变幻,展现出异样的效果。我便试着把茶煮沸,将茶汤搁置数日,让水分自然挥发浓缩,茶多酚氧化后形成的茶黄素等黄褐色氧化产物,使茶汤颜色逐渐加深。用茶汤当墨,试笔写茶汤书,效果奇妙:内含物质丰富的茶汤色泽最有质感,果胶含量高,颜色红黄相间,落在纸上,尚有余香。毛笔带着山水之隽味,带着茶汤在宣纸的纤维中扩散,水在蒸发的瞬间,把游走的茶迹定格在纸上,在一湿一干中留下光阴的依恋,留下生命的尾痕,在阳光下呈现特有的金黄色泽。素雅茶心成为永恒,成为天然的"茶之书"。

岩茶的最高境界是韵,有余意之谓韵,每泡味常新,每品意不尽。书韵亦然,似书非书,似画非画。似写黑,实留白;似画黑,实布白。线条的长短曲直、连断粗细等,有了节奏的变化,构成了韵

岩韵之源

的跌宕起伏，余韵悠长。韵到则耐看，韵有则回味。无意于文，而意已至。似字非字，适成妙字；似景非景，适为仙境。得自然天成之妙趣逸品，岩韵书韵，诸法同归。

茶汤和墨汁亦是相通的，只是颜色不同而已，都是向火而生，入水即化。柔软的毛笔更是吸水迅速，吐色自由，提按转折，发之灵动。茶、水、墨三位一体，浑然天成。

如果仔细观察会发现，在宣纸上，墨汁中的内含物比水"跑"得慢，所以笔迹外圈水迹明显，形成了水墨画的效果。而茶汤中的内含物比水跑得快，最终堆积在外圈，形成有立体感的笔迹，它们以这种仪式完成了最后的凤凰涅槃。

流溪漂书

古人对写有文字的纸充满敬意，有字的纸亦有灵性，不可随意丢弃，必以火将之送上天界，于是便有了焚化字纸之所——敬字亭。

书法是水性的艺术，它应该源于水而归于水。从"仙道"漫步到通天河畔，泥壶煮水，临溪泡一壶道茶白鸡冠，写一幅"道"字条幅，以恭敬之心托放于溪面，作为水上茶挂。茶毕，送它伴着道茶余香缓缓顺流而下。水溶墨于宣纸，纸载墨于流溪，流向下游的"天上宫"，在"敬字溪"中流向它灵魂的归宿。

临水写书

在河流边小坐,听水的韵律,听水拍岩石的雅乐,听水落深潭的崩雷,看水流的涟漪,看初阳照在水面上的色彩变幻,看浮云留在水面上的光影流动。水依山势,高低流转,得道自然。水之道,上天为雨露,下地为江河。水的蒸发上升与冷凝下降循环往复,沟通天地,有大美而不言。乘物以游心,与天地精神相往来。

忽然心生灵感,将毛笔在流淌的泉流中润湿,眼不见绢素,手不知笔墨,临池涂鸦,游水行书,在溪中石面上写下"道法自然"。洪荒的河石在千年流水的冲刷下形成了优美的曲线,水留下的痕迹再现出律动的线条,石上的水字在阳光的照耀下折射出五彩的斑斓,用笔者天也,流美者地也。水之柔,石之刚,在石上书中融为一体。当书法和自然融于一体,便成为视觉的艺术,"天机泼出一池水,点滴皆成屋漏痕。"

书道法自然

水写的字在炙热的阳光下慢慢地蒸发，变细，变小，变无。上化为云雾，下化作雨露，聚可云结雨，凝为有形水，散可雨化雾，飘忽天地间。裊水烟融于自然的空灵之气，无根之水天上来，又复归于上天，道法自然的"水字"以它最后一次华美的行为艺术，完成了它生命中的浴火重生。

看景画书

书法源于自然,自然展现书法。武夷山有太多有字的美景,也有太多有景的妙文,用心去感悟,到处皆文章,用心观景色,满目皆书法。以画行书,以书形画,更直接也更有味道。王羲之老师卫夫人在《笔阵图》中说:"每为一字,各象其形,斯造妙矣,书道毕矣。"字是想出来的,也是玩出来的。欲得妙于笔,当得妙于心,意趣本天成,妙手偶得之。

春来发新枝,形似"比心"

武夷山九曲溪水光岩边有一棵柏树,亭亭玉立于止止庵门前,历经百年风雨。从对岸水光渡远观,恰似一个"茶"字,惟妙惟肖。可惜几年前此树已经归西,今人无缘再见其真容。

随处可书

饱蘸浓墨,书于宣纸,那是常规的书法。弄墨则可以随处涂鸦,可以把书法写在扇面、棉布、老木、石头、瓷杯、竹篾、砖面、盏底、窑口等一切可书之处,和环境相融合,和景色相匹配,成为点睛之笔。书法随性,兴致上来,可用茶水写,可用泥浆写,可用水写在石上,可用沙撒在扇上……写的是随意,玩的是情趣。

用鲜桑葚汁书写"紫气东来"

水丹青之"茶"

还可依宋代点茶之"水丹青"手法,用茶汤写于书法,用纹脉形成物象,用泡沫表现文字,发思古之幽情,赏液态之书法。

杯中茶叶,似有美人,摇曳生姿

茶者,品也。行者,玩也。意者,心也。书者,画也。书画者,云符也。

茶 之 书 展

2019 年初冬，时逢回应茶场转场，旧厂房里焙火温度犹存，茶香余味绕梁，茶香墨韵相得益彰，正好举办一场以武夷山儒释道摩崖石刻为主题的《茶之书》书法展。回应山房五龄童紫逸特为书法展题写"茶之书"三字，童趣天真，正合主题，它是由 65 岁理工男和 5 岁幼儿园小朋友两个顽童共同完成的书法展，我和紫逸同属相，只不过我多转了一个甲子。又逢回应龙窑开窑，正合了水火既济。还逢武夷山斗茶赛开赛，茗香弥漫，茶客云集，一切都是最好的安排。

历代石刻是古人玩乐的感悟和记录，我十多年前就开始在武夷山玩儿了，对武夷山文化有了自己的独特感悟，这次以武夷山摩崖石刻为主题的书法展就是一个总结。在茶场的焙火间、摇青间、品评间等七个独立空间里，将武夷山历代摩崖石刻内容依次展示，分为七个主题：古、儒、释、道、茶、水、火。观展者置身于书法展的沉浸式场景中，会对武夷山有身临其境的画面感和心悦其乐的体验感。

此次展出的书法作品并不是按照传统书法的方式写出来的，我和紫逸都没有学过书法，所写作品没有了那些规则，反而彰显了天真童趣。我们的作品不是写出来的，而是按照对字形字意的理解画出来的。书就是画，画就是书。紫逸可以右手写，也可以左手写，可以正着写，也可以反着写。因为是在"画"字，所以称为"画书展"也许更为贴切。

这次书法展所展出的不仅是在室内的那一百零八幅书法作品，我还把书法写在宣纸、棉布、老木和土墙上，也把武夷山的摩崖石刻复刻在山庄室外散落的石头上，让书法回归于自然，让书法展和天地融为一体，让回应山房成为一个立体的大展厅。

书法源于自然，自然展现书法。用心观景色，到处皆书法。书画同源，以画行书，以书形画，更简单也更有味道。字是想出来的，也是玩出来的。"欲得妙于笔，当得妙于心"，意趣本天成，妙手偶得之，这就是我的"茶之书"。

我特别爱和孩子们玩儿，小朋友们都管我叫舒哥呢！书法展后，我们又举办了一次幼儿书法展，孩子们的涂鸦特别有童心韵味，天真烂漫，秉性无邪，含朴守素，内外合一。"夫物芸芸，各复归其根"，生命的本源，就是回归初心。老子说："常德不离，复归于婴儿。"以童为师，天性永存。

有味书法

2021年6月5日,正值芒种日申时,《有味——舒放书法展》开幕式在故宫紫禁书院·武夷山分院如期举行。

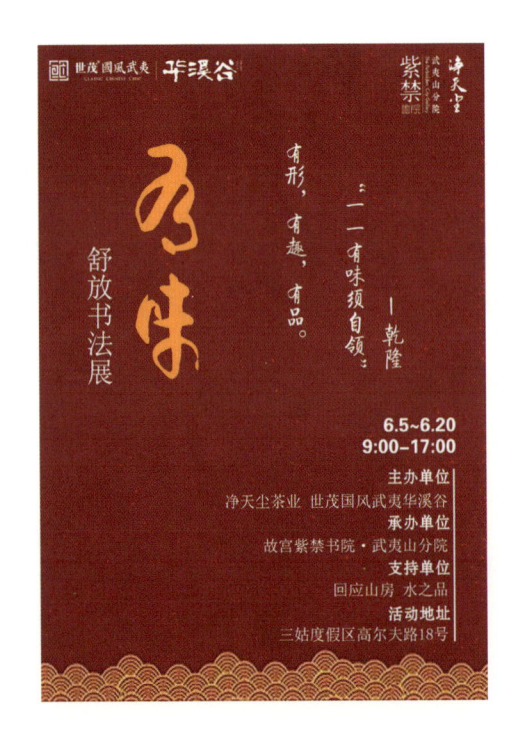

《山海经·南山经》中云："又东三百里，曰青丘之山。其阳多玉，其阴多丹雘"。从广东省基山往东三百里，正是武夷山。玉色翠绿，丹雘朱红，正应和了武夷山碧水丹山的丹霞地貌特征。"石韫玉而山辉，水怀珠而川媚。"六千万年前的地壳运动造就了这片神奇的土地。

青丘之山之青字始见于西周金文，由"生"和"井"构成，周代金文下部写作"丹"

武夷岩茶生于坑涧，长于丹霞，碧水丹山，绿叶红边，都暗合着武夷岩茶的青茶特征。五行中，木为东方，为青色，青色乃东方之色，所以作为东方茶叶代表的武夷岩茶属于青茶也正是合天理顺五行。武夷岩茶生于青丘之山，归于青茶之列，正应和了《山海经》中的描述。有时候奇思妙想也会产生很多乐趣。

"佳茗春深盛建阳，武夷溪谷挹清香。"辛丑年孟夏，在青丘之山制茶季的茶香中，有缘在故宫紫禁书院·武夷山分院举办《有味——舒放书法展》，别有一番情趣，自然是"一一有味自领之"。

紫禁书院成为联系宫廷文化和武夷岩茶的纽带。自古历代帝王饮茶品种繁多，和武夷岩茶联系最紧密的唯有乾隆，他的一首《冬夜煎茶》传递出的信息值得玩味。

　　　《冬夜煎茶》
　　更深何物可浇书，不用香醋用苦茗。
　　建城杂进土贡茶，一一有味须自领。
　　就中武夷品最佳，气味清和兼骨鲠。
　　葵花玉銙旧标名，接笋峰头发新颖。

乾隆曾说过："君不可一日无茶"，诗中又云："就中武夷品最佳"。将武夷岩茶抬到至高的地位。而一句"气味清和兼骨鲠"更是道明了岩茶的花香岩骨。

武夷山是三教名山，是自然和文化双遗产。为其所吸引，陶然于山水间，沉迷于儒释道，汲泉品茶，观云听雨，时有所得，书以记之。这次书法展作品全部以岩茶汤做墨，以乾隆诗为题，以独特的审美视角和茶香墨韵，去领略不一样的宫廷文化和武夷山水。人生如茶，唯有细品，各中滋味，自我体会。

茶标茶挂

茶标是茶叶的名字,是茶的表白;茶挂是茶会的主题,是禅的偈语;它们是茶内涵的外延,是茶文化的载体。

茶标

清帝乾隆在他的《冬夜煎茶》一诗中描述了品饮岩茶的感受:"就中武夷品最佳,气味清和兼骨鲠。葵花玉銙旧标名,接笋峰头发新颖。"诗中除了他对"岩骨花香"的表达,我们还读到了"葵花"和"玉銙"

"武夷山日"文化活动

两个茶标名，以及"接笋"山场的信息，可以想见古人对茶标已经相当重视。

随着近年来市场对茶叶包装的重视，茶的文化底蕴也集中体现在茶叶名称和泡袋设计上。而展现文化内涵之美的书法为包装增色，成为点睛之笔。从2015年开始，我陆续为武夷山的茶人书写了近百个茶标书法，有了一定的识别度，成为武夷山茶叶包装的一个有特色和品位的亮点。

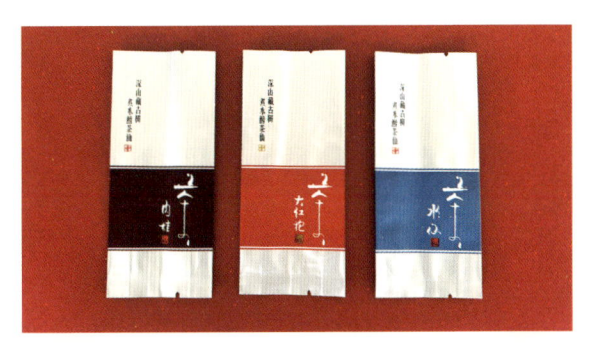

2015年制作的茶泡袋公版

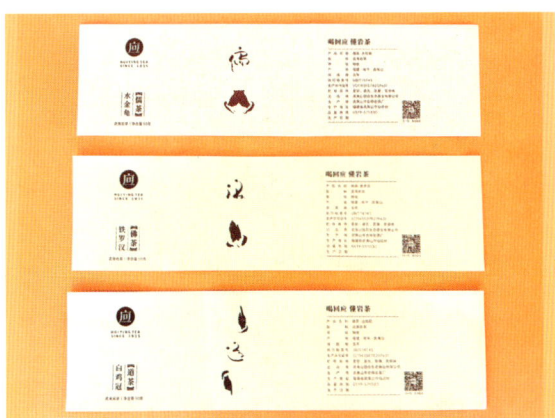

"儒释道"茶标

茶挂

茶挂最早出现在唐朝，作为茶会的主题悬挂于重要位置，内容大多是高僧大德的禅语。茶挂源于中国，盛行于日本，日本的茶室布置简单至极，但壁上的茶挂是必不可少的，茶道之所以成为道，正是靠着写有禅语的茶挂来体现的。

苏东坡有诗："从来佳人似佳茗"。一个好的茶标，犹如貌美佳人，在诉说一段清新脱俗的动人故事，在品饮之前就令人陶醉。

苏东坡作《叶嘉传》，将茶叶拟人为叶嘉，"好游名山，至武夷，悦之，遂家焉。"叶公对武夷山的喜爱，或许在山川溪流间也曾留下充满禅意的人生感悟。

"佳人茗言""叶公禅语"

元代高僧溥光为会善寺撰文并书写"茶榜"一文，将"茶禅一味"思想表达为：即茶演法，借水澄心。

茶禅一味的思想起始于宋代高僧圆悟克勤。在武夷山则是由两位得道高僧传播。唐代武夷山瑞岩寺扣冰古佛的偈语："人生如茶，空杯以对"。人生像喝茶一样，只有杯子空了，才能装下更多新东西。宋代武夷山开善寺道谦法师的偈语："别无工夫，放下便是"。喝茶无非端起放下，懂得放下，方得自在。

书写具有武夷山地域特色的茶禅偈语，有自然的亲切感，既接地气又易理解，借以感悟茶与人生。

诗 书 成 趣

京城人士尹姜晓辉,号一六居士,客居武夷山多年,遍访群山,追古问今,才华横溢,出口成诗。他为我取名号"曰三",取意加一竖为田甲申,加一点为王主玉。常有相约同游,见字得诗,赏诗生字,诗书唱和,雅玩成趣,故有"曰三字,一六诗",自得其乐,是为绝配。

不负如来不负茶,
衍接善念衍接她。
天知大道一壶酒,
地爱微风六碗茶。

——为舒放兄台《茶之书》
书法展题诗

陆羽出家不二门，
归元品水辨三根。
庐山泉六权天下，
乳水后七厚地真。

——为舒放兄台"天一生水，
地六成之"书画图作评泉诗

岩茶贵有魂，
水韵品无痕。
蕾啜口中味，
香含气上尊。

——为舒放兄台"茶水"合字
题诗

冰心玉壶中，
古道彭祖公。
不违天时气，
合然地势风。

——为舒放兄台"一片冰心在玉壶"
书画作诗

悟道用心观,
天合本自然。
顺流无欲水,
善蕴有情山。

——为舒放兄台"悟道"书画题诗

蝉寄何处鸣,
意寻画里生。
此声有何许?
不负武夷情。

——为舒放兄台"听蝉"画诗

老道展拂尘,
真言化咒根。
曰三求自乐,
一六录闲痕。

——为舒放兄台"吾将上下而求乐"
书画作诗

拈花一笑明，
正道六神灵。
指向途遥远，
心归善笃行。

——为舒放兄台"拈花"书画配诗

指月点迷津，
真诚助善邻。
无求得厚道，
有欲背初心。

——为舒放兄台"指月"书画配诗

参禅不媚俗，
善念是归途。
亘古一轮月，
传薪六道书。

——为舒放兄台"参禅"书画作诗

如意不求高，
应心莫比豪。
行藏君子道，
处事玉节操。

——远望武夷山大王峰，形似如意，蔚为壮观。
为舒放兄台"如意"书画作诗。

山上轻纱水漫生，
河中重雾冷发凝。
浮云亘古天长月，
好雨滋新地久风。

——应舒放兄台之邀，为武夷山幔亭峰上一株"茶"字松题诗。此松平时隐形在群树之中，唯有在云雾中方显形出"茶"字，颇为神奇。

书道法自然

飞流行书

"小水帘"是武夷山景区里少有的开车可到达的景点。一帘瀑布从百尺岩顶飞泻而下,微风吹过,化成水珠,像连串珍珠随风飘落,像观音执瓶,又像天女散花,正可谓"赤壁千寻晴拂雨,明珠万颗画垂帘"。

一书,一茶,一箫,一舞,
一飞瀑,一山水,一雅事,一人生

"连雨不知春去,一晴方知夏深。"连日梅雨初放晴,阳光绽放出灿烂的色彩。和诸友相约,到武夷山小水帘瀑布处玩一场随性的雅集,崖下布一茶席,汲流泉,燃竹炭,泡香茶。在朋友的长箫和伴舞中,兴挥草书"飞流",泼墨写意,引流入纸。不知是飞瀑流入纸墨,还是纸墨融进飞瀑,瀑墨合一,纸流一体,瀑入纸,墨进流,真真的一幅水墨大写意。

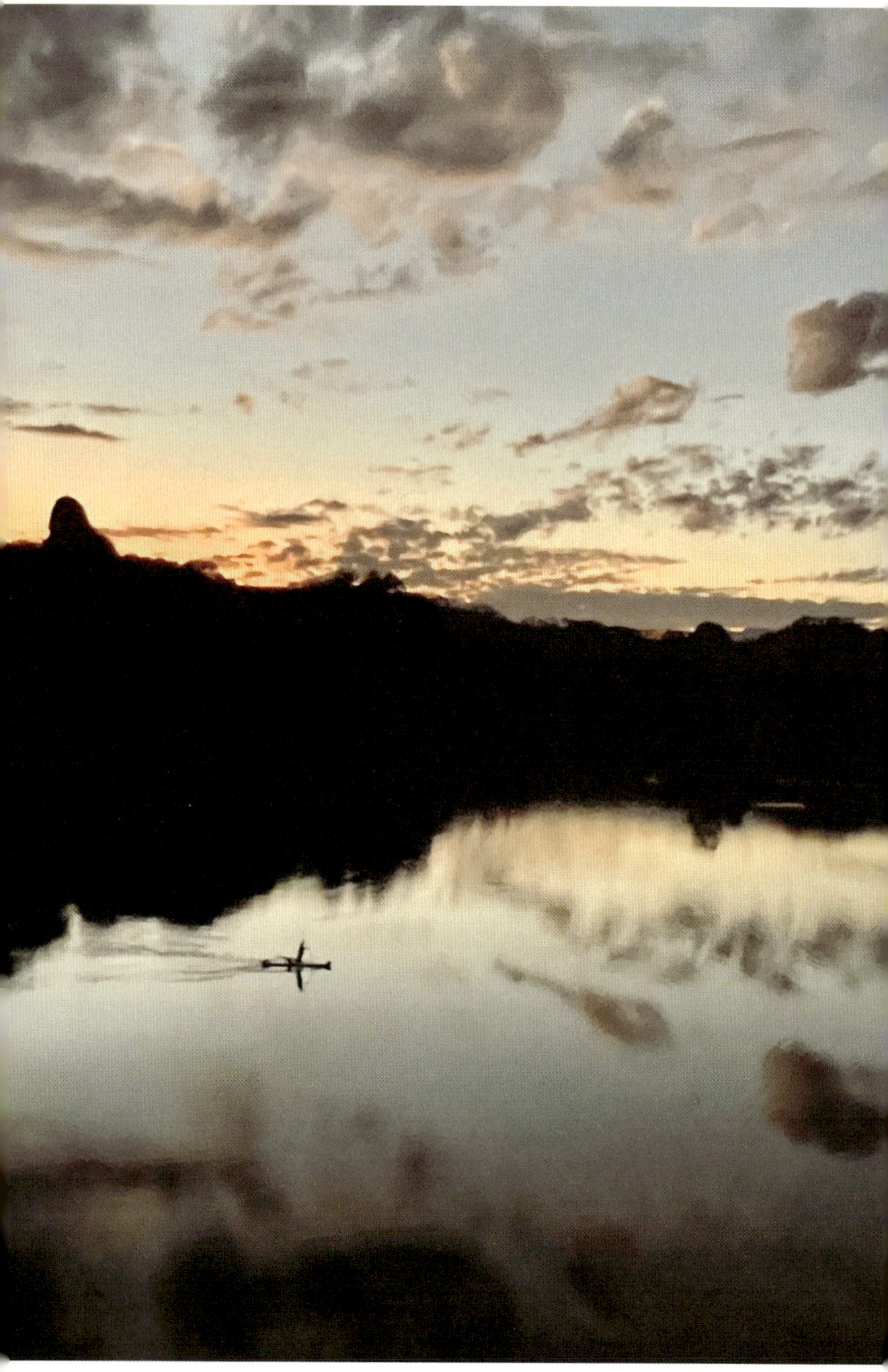

肆

乘物以游心

重阳登高

2021年重阳节，与友人相约登高远望。朋友晓宝作为向导在前面带路，他是我十分敬佩的登山家，将武夷山的三十六峰九十九岩几乎都爬遍，特别是那些极为险峻的峰岩，时常看得人心惊肉跳。"飞步诸峰，不择危险，人望之以为仙"。

考虑到老夫不胜体力，因此选择了一条相对容易的登山路，从五曲桥前左拐，沿天柱峰一路攀登，目标是在响声岩溪边朱熹的"逝者如斯"摩崖石刻前泡一壶香茶。一路古道崎岖，鸟语花香，路边的岩石经多年风吹雨淋呈现出斑斓的色彩，仿佛是大自然的抽象岩画。

行至晚对峰麓半山腰，可见一处巨大的摩崖石刻："道南理窟"。细观石刻旁边的小字注解，得知此书由马负书题写，他是清乾隆元年武状元，对朱熹理学极为尊崇，特写下擘窠大字"道南理窟"，后由其子马应璧勒石于此，这是武夷山清代摩崖石刻中最雄伟的一幅。可惜前面已经被树挡住，远不可见，唯有近观。

再向上攀爬就到"别有天"石门阁，人从门洞穿过，到达峰顶，自然会体会到别有洞天之意境。"别有天，康熙庚寅秋三山郑潢题 学成住持立"。想必以前曾经是座寺庙。

以前没有过恐高的感觉，但是当我从悬崖边上的羊肠小路走过的时候，望见悬崖下的九曲溪，忽然觉得头晕腿软，席地而坐后发现血糖较低，幸好经验丰富的登山家带着栗子和葡萄，才得以缓解。不得不停止前进，泡一杯香茶，握杯观景，以从未有过的视野去享受那高处的风光。

远山近水尽收眼底，从对面欣赏五曲云窝，可见隐屏峰全貌，峭拔千寻，直上直下，方正如屏。虽然看不清隐屏峰中位处的"仙凡界"石刻，但能感觉得到那里仿佛天上人间的分野，俯瞰九曲溪上漂过的几支竹筏，遥望对面天游峰登山道上的三两游人，仿佛从天上看凡间，恍然出世。

回程再望来时路，才知道这两座山峰右边的是天柱峰，左边的叫酒坛峰，"天柱"二字错刻在酒坛峰之上，想来古人也有张冠李戴的时候。

登山半天，我们已经十分疲劳了，但朋友意犹未尽，他要一个人继续去探险，他回来后告诉我们他找到了天柱峰上的"天柱峰"石刻。

天游雅玩

2021年冬日,阳光明媚,与一六兄和洪刚老弟相约登天游峰。天游峰中心海拔408.8米,从茶洞仙浴潭开始登顶,共计848个台阶,途中有六个歇脚平台。出发前相约一六兄即兴作六阶诗,我应景作六阶书,一阶一景,一诗一书,以助雅玩。

仙浴潭

佳人

仙浴水潭空,佳人影梦中。
日三看不见,一六辨真容。
—— 一阶《佳人》

"一阶"从茶洞开始。穿过"峥嵘深锁"题刻石门,豁然开朗。茶洞非洞,乃是七峰环绕,青天一围,自成谷井,又称幽微洞天。天游峰顶的一股清泉,遥遥百米,跌落成潭,名曰"仙浴潭",传有仙女在此沐浴。自古多有名士恋此山水清幽,在此卜筑隐居,如清代《武夷山志》作者董天工居住的留云书屋和望仙楼等。

化幻

二阶幻化台，数影妙思才。
像里曰三隐，云中一六怀。
——二阶《幻化》

"二阶"半壁黑色岩石上点缀着零星青苔痕迹，细看幻化为各种形象，如仙人献茶等。相由心生，各有所见，也是别有一番乐趣。

望水

三阶半壁亭，一览几重情。
接笋识山趣，吟诗望水行。
——三阶《望水》

"三阶"有半山亭，平视望山，隐屏峰垂直耸立，峰西贴壁一石，尖锐直上，形同立笋，横裂三截，故名接笋峰。俯视望水，曲水环绕，溪转峰回，山峦拥翠，空谷传声，曲水中的"仙人脚"最为形象。

接天

四阶望妙岩，三仰欲接天。
水浅留陈迹，山高隐道仙。
——四阶《接天》

"四阶"可平视对面隐屏峰上仙人足迹，过"仙凡界"题刻后，沿崎岖山路上的"玄元古洞""众妙"石门、"承露井"和"人共云闲"等石刻，到仙人下棋的"仙弈亭"，一派仙居逍遥生活。

乘物以游心

大涤

五阶忆晓川，九度探花泉。
古路人踪远，清风道志玄。
——五阶《古路》

"五阶"前的古登山道看得人触目惊心，真不知古人是如何登顶的。"梯云遥极目，恍出界三千。峭壁临深壑，危峰插半天。"雪花泉从古路石板下穿过，飞流入潭。举目四望，对面山峰居然酷似一巨大佛头，表情安详，垂目思考。

顶收

一六踏天游,曰三步杖舟。
洪刚殷摄像,诗情到顶收。
——六阶《顶收》

"六阶"有天游一览台,"峰高拔群峰之上,溪山全势一望而收。"天游阁供有武夷山开山祖彭祖和二子彭武彭夷,阁楼匾额题字"遨游霄汉"。胡麻涧边有"第一山"和"福地洞天"等摩崖石刻。

回头再望，其实天游全景只在一块巨石上，正所谓"一块石头玩半天"。当年徐霞客游后叹道："其不临溪而能尽九曲之胜，此峰固应第一也。"

闽越王城

距回应山房八公里有一处山川聚合宝地，安卧着一座保存完整的闽越王城遗址，它坐落在枕山抱水的丘岗之上，连绵青山环抱四周，崇阳溪水环绕其间。

有"东方庞贝"之称的闽越王城遗址，龙脉南来北往，一方王气，大溪南北，双龙交会，不失为佳地。周边考古发掘出的贵族墓葬验证了王城当年的尊贵。

公元前202年，越王勾践的后代无诸因"佐汉击秦"有功，被汉高祖刘邦册封为闽越王。后继任东越王余善举兵反汉，遭到汉武帝灭国焚城，历三代存世九十二载的王城随之倾覆。

王城毁灭后，汉武帝"将其民徙处江淮间，王城地逐虚"，王城荒废几百年后才有中原人家迁徙至此。也正因如此，我们今天才能看到两千多年前完整的王城布局和结构。

古城依山而建，夯土而成，高台鳞次，沟堑宛然。建筑物坐北朝南，左右对称，是江南独树一帜的"干栏式"建筑，利用自然地形构建的给排水系统更令人称奇。古城四周天然山脉合护而成金汤之固，气势磅礴，蔚为壮观。古老的城墙蜿蜒于连绵起伏的山梁之上，瞭望台横亘于荒草丛中，轮廓依稀可辨。

玉璧绶带纹空心砖

中门信印　　　　兽面纹宫殿门用铁铺首

王城出土的一方"中门信印"是守门将军的官印，足见当年王城的尊威。

玉璧绶带纹空心砖长 2.02 米，由六面黏合后烧制而成，侧面的六个圆孔是为了烧制时的温度平衡和伸手内部抹泥之用。如此体型硕大而制作精美的空心砖实属罕见，可为镇馆之宝。

兽面纹宫殿门用铁铺首制作相当精致。出土的铁器证明当时的冶铁业已经十分发达。

虺蛇纹铜铎

闽越族以蛇为图腾。古城出土的虺蛇纹铜铎有蟠虺纹，残存部分有两对相互缠绕的小蛇。

古城的建筑工艺别具特色，带简瓦的瓦当用瓦钉固定，构思巧妙，简单实用。

古城还建有采暖用的地热管道和可加热的浴室，浴池底部平铺花纹砖，西高东低，水经管道排向池外，这是国内建造最早的洗浴场所，尽显王室奢华。

浴室遗迹

古汉城遗址内有一口王宫御用千年古井，井中水位高于城外村庄水井的水位线约 20 米以上，正好位于地下水扇形地表处，是泉脉和生气的聚集之地。古井设计精致独特，陶质井圈上有四个对称圆孔，内部井壁由十六层构成，陶井圈外有一层沙砾过滤，泉水从井底涌出，井底有松木垫底，以防止井壁下陷和隔离泥沙。古井有"华夏第一井"之称，两千多年前的井水至今依然水质甘洌，也算是奇迹了。

古井出土时状态

闽越王深受汉文化影响，茶叶应该也是当时人们生活方式的一部分。遗址中还出土了适合煮茶和饮茶的器具，也许生活在武夷山的闽粤人在秦汉时期就与茶结缘。

古粤门楼

后人在古城旧址建村，并以古越居民的族称"古粤"作为村名。而今，破败的清代古粤门楼仍耸立于村口，斑驳陆离的砖墙诉说着它那饱经风雨的岁月。

历史上，古村曾因村民多长寿而著名。明神宗御赐村中百岁老人赵西源的"百岁坊"木构楼坊至今保存完好。

城村一隅，藏着一座小庙"降仙庵"

村里一大户人家的石狮彰显当年的尊贵

红军墓群

沿着蜿蜒的山路行至小浆村张山头峰顶，极目远望，一览众山小。峰顶极高处是1343位红军英烈的墓群，三块青砖、一个编号，标志着一位红军长眠于此。每年清明，村民们依照风俗，劈开竹子，取生竹片为碑立于墓前，竹片上用红漆标号，并系上红绸带。在松竹

这里曾经是闽北红军中医院

幽篁里，在微风吹拂下，阳光中的那一抹红格外耀眼。没有姓名，没有番号，没有铭文，但他们在大山的峰顶铸成一座永恒的军阵。

杂草深处有一方石碑，上方刻五角星，正中刻"红军墓"三个字，左下方落款"三一年立"，这是一座不朽的丰碑。

民 国 纸 坊

在福建和江西两省交界的分水关附近，有一个名字中带着苦味的关隘小村——黄连村，古时又叫千户镇和望仙坊，是古代闽赣古道上最繁忙的运输之路。在村边的古庙遗址处随时可以捡到散落的瓷器残片，似乎在展示当年旺盛的香火。

小村四周群峰环抱，一条清澈见底的鹅卵石小溪从分水关顶处流下来，沿着望仙坊街流向朝仙桥，汇入大安溪。

沿着古代五尺官道一路前行，在溪畔的杂草丛林中终于看到掩映着的民国时期修建的造纸厂的废墟。仔细观察那些残留在杂草枯藤中的水渠、沟槽、水圳、石坝、料锅、料窖等就会发现，工厂阵容严整，颇具规模，而且巧借天然，随形借势，完美地利用了山上的竹木做造纸原料，借溪中的鹅卵石做建筑材料，借溪滩做纸浆洗漂，可谓巧夺天工。

据《崇安县新志》记载："本地特产白纸言相传始于明时。清初徽州人设乾隆纸厂于坑口。民初，商务印书馆定制改良、赛连以印《四库全书》，金嗣韶在大安黄连坑以漂白粉制纸，色甚白，名瑜版。去岁闽北报社及上饶中国印刷所亦间采用本纸，而名色一变。"

从乡民处得知，造纸厂创办人金嗣韶的女儿金迎凤就住在临近的大安村，我们有幸和这位81岁的老人聊起了造纸厂的往事。她的父亲金嗣韶是安徽省黟县金家村人，早年曾留学日本，学成回国后致力于造纸技艺。民国十一年（1922年）他来到崇安县（今武夷山市），独具慧眼地选址具有丰富造纸资源的大安黄连坑，创办金继美造纸厂，因纸品上乘而广受欢迎，历尽兴衰后，于解放后将造纸厂上交国家。

金嗣韶墓地刻字"慎终追远"

造纸厂虽已废弃多年，但是那些断壁残垣仿佛还在诉说着往日的辉煌。如果有机会择冬雪日再来，皑皑白雪覆盖于荒基废址，和野生梅树上盛开的点点梅花相映成趣，将是一幅绝美的画面。这座近代民族造纸工业遗址如果能够保护得当，修旧如旧，应该是个受欢迎的景点。

造纸厂的断壁残垣,还在诉说着往日的辉煌

伍石山庄

福建省建瓯市徐墩镇四面环山，溪水流前，一片古建民居"伍石山庄"藏在断壁残垣之中。伍石山庄始建于清同治三年，山庄主人伍富以茶为业，精研"建茶"，广开茶庄，书写了从长工到建宁府首富的传奇人生。伍石山庄因建茶崛起，伍富之子历时18年，建成了这座福建省入选《中国古代建筑史》的宏伟古民居建筑。

山庄经过保护性修缮，一座规模宏大的伍家宗祠和三栋大宅院显露出往日的恢弘。从木雕门罩、石雕漏窗、砖雕楹柱等细节的精美，

从院落庭院、砖木石雕、梁柱门窗等布局的考究，可以体会到主人精工细作，追求极致。

如今，山庄曾经的辉煌不再，楼倒屋塌，连精美的柱基石雕都被偷卖。而今，第五代子孙守着山庄的断壁残垣，只剩得为游客做简短的解说讨一点小费。

武夷山居录 一

下梅古村

下梅村是著名历史文化名村。古镇入口附近的镇国庙祭祀的是唐朝镇国公薛仁贵和薛丁山父子，庙门两侧各有"民安""物阜"匾额。清代来下梅村的山西茶商常氏钦佩被乡人誉为忠义之神的薛氏父子，捐款修建了这座镇国庙。经过不同年代的供奉，镇国庙已发展成典型的儒释道三教合一的庙宇，诸神同庙共荣，那些独特的造像充分展示了中国古代宗教信仰的多元化和浓厚的地方色彩。

文昌炉

魁星点斗，独占鳌头

古代文人敬惜字纸，要把写过字的纸单独焚烧，以示对字纸的尊重和敬畏。焚字炉上这方砖雕相当传神，"魁星点斗，独占鳌头"的魁星形象意指北斗七星中形成斗形的四颗星，是主管文运之神，此形象捧墨斗、执朱笔，跷足独立于鳌头之上。此砖经过多少双手的抚摸，泛出金属光泽的包浆，表达出人们对功名的渴望。

三姑佛灯前常能见到慈祥老妇吟诵谢母经文，搓捻纸香，用于每年十月十五在万寿宫举行的拜血盆仪式，以感恩母亲怀胎之累和生产之苦。

镇国寺前面是邹氏家祠，一望便知是精工细作的旺族豪宅，从中堂向门外望去是个"商"字的构型。下梅村布局依阴阳五行原理，合八卦意象。溪边有乾、坤二泉井，坤井前有"百石社"土地庙，社字的含义便是祭祀土地，与"地势坤"寓意相合。

门前的"福到"石雕借倒挂的蝙蝠展现求福的愿望

进村古道上的"福寿"老石桥。桥边石板上的方孔原来装有雕工精美的木护栏，和桥前的"文昌阁"都已荡然无存，但是站在这片土地上仍然可以感受到百年的文化沉淀

宋代鱼头坝巧用鲤鱼仿生造坝，用三角鱼头的辟水之势，将溪水东西均分，分别用于灌溉和生活之需

天一井重修于道光二十年（1840年）秋，取自《河洛理数》中"天一生水，地六成之"之意

坑口古村

坑口村位于武夷山市西北部,温岭关和寮竹关横贯其间,进出此地仅有一条路,故名坑口。

坑口村是著名的革命老区。1938年6月,中共福建省委成立于此,这里曾被誉为"闽北红色首府"。村里一座土房上还留有1931年红十军入闽时刷写的"中国红军万岁"标语,据说此标语是方志敏书写的,弥足珍贵。但细看却不是原本的痕迹。

坑口村头有嘉庆二十四年（1819年）乡里集资修建的万寿桥。从坑口村沿土路盘山向上，半山腰是"车盆坑"，由于地处偏远，保留了不少古民居，原汁原味，古色古香，黄墙青瓦的马头墙别具特色。

坑口村也是抖音帐号"乡愁"的主人沈丹的家乡，她家的老宅靠山临溪，土木老屋依山而建，山间泉水直接入室，外景和内室融为一体，烘托出自然的雅致。炭火上烤着地瓜煮着岩茶，幽幽的香气为屋内添加了怡人的暖意。

卜空古村

武夷山五夫镇笔架山山腰处有一个日渐有名的卜空古村,名字似乎有着《易经》般深奥,但在当地方言中的意思是肚子空。

卜空村的民居依山势和溪流错落建于山坡上,不少民居具有清代风格,虽是断壁残垣也别有气势。如今,村子几乎是人去屋空,土墙灰瓦的老宅年久失修,但因整个村落都没有现代建筑,反而使得原始的味道得以保留。

村口有棵五百年老樟树,葱茏劲秀,昂首云天,枝繁叶茂,生机盎然,沧桑的年轮延伸着岁月的痕迹。树下的遇仙庵,更为古村添描上一笔神秘的色彩。

肆 乘物以游心

平川黄村

"武夷尽处为平川"
——《武夷山志》清 董天工

黄村古称平川府，是武夷山九曲溪源头的一马平川，山远地平，群山环抱，人杰地灵，小小一个黄村，三教汇聚，贤者云集。

最著名的人物当数元代理学大家杜本,人称清碧先生。杜本官至御史大夫,后因"微言忤执事之臣,事不极而去,乃挟册山中,偿夙所愿",受黄村友人詹景仁礼请,隐居黄村三十多年,读书著述,终其一生,《元史》载入隐逸列传。詹景仁筑"万卷书楼"于九曲平川,与友人谈书论道讲学著述终老。万卷书楼旧址现在是黄村小学,原有石门匾额"平川书屋",后被村民建房时做了地基。

《四库全书》收有杜本编纂的宋末遗民诗文百篇《谷音》。杜本亦得书法真要，他的专著《书史会要》中云："夫兵无常势，字无常体，若坐若行，若飞若动，若往若来，若卧若起，若日月垂象，若水火成形。倘悟其机，则纵横皆有意象矣。"

杜本在宋徽宗之后题跋《李白上阳台帖》，足见其书法和声望了得。

杜本的茶诗《咏武夷茶》全诗无一茶字，却把武夷岩茶描写得淋漓尽致，因此作为元代的代表作刻于大红袍景区中"岩韵"石壁上：

> 春从天上来，嘘拂通寰海。
> 纳纳此中藏，万斛珠蓓蕾。
> 一径入烟霞，青葱渺四涯。
> 卧虹桥百尺，宁羡玉川家。

聘君宅遗址

聘君宅堂内的方砖铺设的地面应该是当年旧物

杜本于元代延祐年间在黄村构堂室"聘君宅",内有"思学斋"和"怀友轩",聘君宅遗址在如今黄村下厅11-1号。杜本去世后,其孙杜圻在聘君宅内建思绍堂以怀念先祖。

当年的"怀友轩"在如今黄村下厅15号,墙基还是旧物

杜本虽结茅溪滨,但因其名望,前来拜访者络绎不绝,以至"天下名流以事过闽者皆造庐请益"(民国《崇安县新志》)。

据此县志记载,黄村有寺庙三所:崇福寺、超峰庵、长乐寺。现仅存崇福寺,在黄村渠边87号,于清咸丰年重建,庙内供观音、奶娘、扣冰古佛和武夷茶祖杨太白,庙门外两侧嵌有咸丰年间禁烟禁赌石碑,值得玩味,民间信仰和民俗风情可见一斑。

据《崇安县新志》记载,黄村曾有三座道观:葛仙庙,祥岩道院和东山道院。均已无存。在黄源坊山上现有天福道观,1992年由道长李成武起庙,在原址重建。殿前灵官爷护法,内供太上老君。道观据传有千年历史,旧称天福宫。

古时还有天寿宫在烧香顶后,天禄宫在二者之间,位于烧香顶前半山腰,如今都还可寻到断壁残基。福禄寿三宫成一线,挂以天字,想必当年不简单。

天福道观

天禄宫残基

通天河

古人修道，在武夷山换骨，羽化成仙。在通天河畔的一片茶园四周磊石上，复刻有武夷山道教有关的摩崖石刻三十六方，谓之"仙道"，作为武夷山丰富的道教文化的缩微景观。

黄村位于九曲源头，山峦叠嶂，环抱平川，仙府洞天。黄村内有座古石桥，桥头立"樟德桥"碑，桥两边鹅卵石铺就的古道记录着世事沧桑，桥头一座小小的土地庙守护着一方百姓。

石桥当年是通往永兴庵的官道。道院已经荡然无存，原址在黄村下厅35号。原来的古井已经被夷为平地，斑驳的老墙在残阳下显得有些凄凉。

武夷山人都知道大王峰，却很少有人知道在黄村有座大王庙。据民间传说，大王本是此地的部落首领，因为和玉女的一段仙凡爱情，被玉皇点化成石。他的坐骑狮子前去救主，也被点化化作狮子峰，守护着大王庙。

古石桥

大王庙

星村镇一直是武夷山的茶叶重镇，自古以来就有"茶不到星村不香"的说法。武夷山茶人手艺就是"看青做青，看茶做茶，看茶泡茶"。也许是世代传统，黄村制茶高手声名远扬，武夷山市茶叶同业公会会长刘国英老师就是黄村人。2014年，人称"小宝书记"的黄村人黄正华组织村里100多家茶企业组建武夷山市茗川世府生态茶叶农民专业合作社，从2017年起每年都主办制茶能手大赛。黄村的制茶师傅也是名声在外，把"帮老百姓卖茶，做老百姓喝得起的茶"的理念发扬光大，如今已独树一帜，名声远扬。

每年惊蛰时节，在通天河畔，黄村人都会举行传统喊山仪式，来唤醒沉睡的茶芽。

黄村老茶厂

黄村山清水秀，人杰地灵，一方水土养一方人，村里老人多长寿。村里有不少大姓人家，如詹、蔡、翁、毛姓等。一家翁姓五代书香，至今还保留着曾祖父于清光绪年间画的水墨画，颜色神韵不减当年。

黄村虽小，但人才辈出，在外为官者众，如曾任惠州知府的詹范，他与流放到惠州的苏东坡交往甚密，苏公曾称赞他"治行超卓"。

> 九曲将穷眼豁然，
> 桑麻雨露见平川。
> 渔郎更觅桃源路，
> 除是人间别有天。

当年朱熹《九曲棹歌》中所咏的桃源景色，今日依旧。

> 山深人寂寂，
> 涧曲水沄沄。
> 顾尔非忘世，
> 遗身在白云。

当年杜本所追求的山居生活，今日依然。待久了，就会慢慢体会到为什么杜本这位外乡人能在这里隐居三十多年……

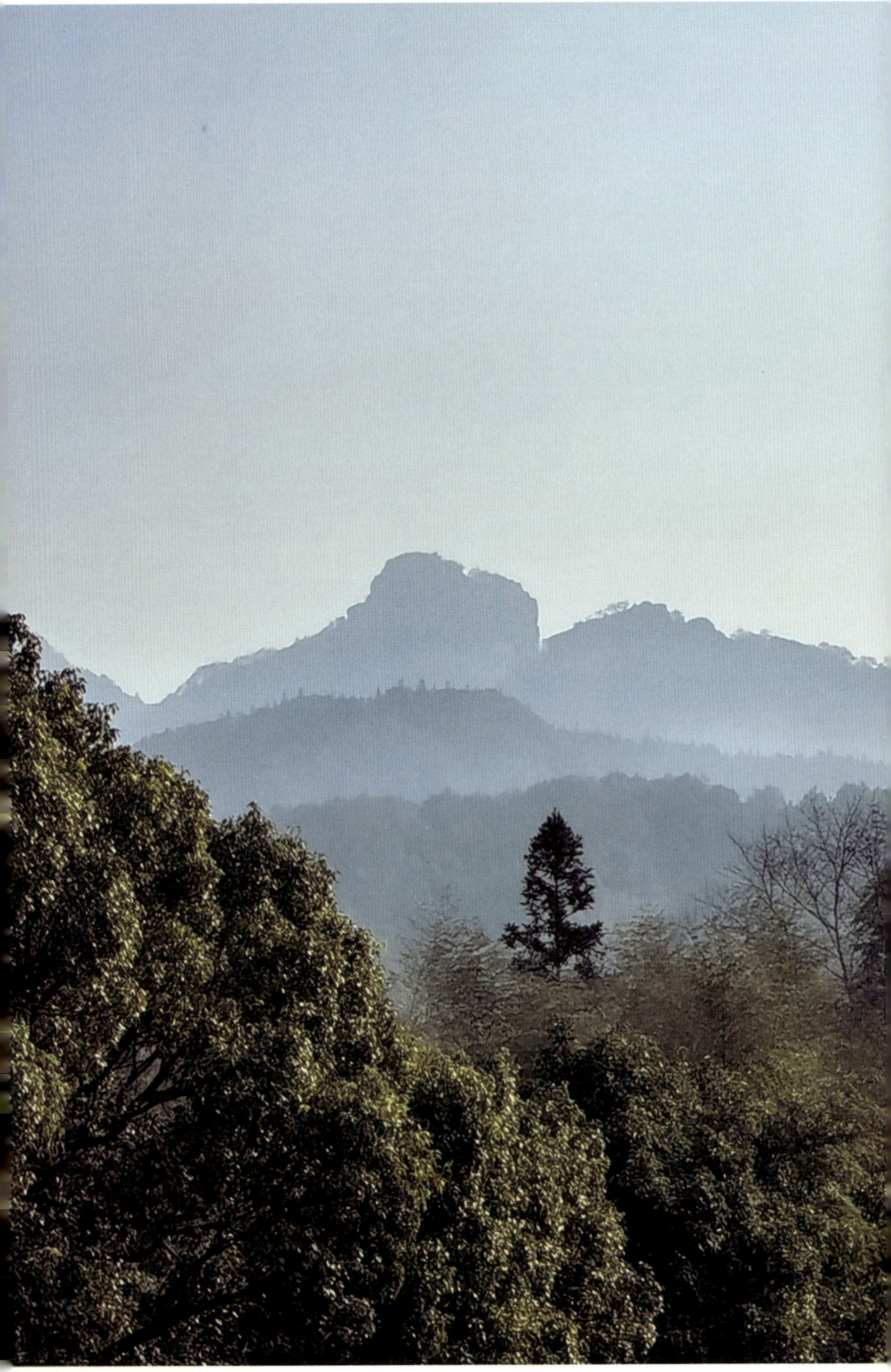

伍 仙居半入云

华态庄园

华态茶庄园位于黄村中心位置毛家洲。从珍藏的清光绪版《毛氏宗谱》中可溯源毛家乃周文王后代,毛家洲毛氏发源自郑伯公,宋朝时由浙江迁入黄村里洲。从族谱所附地图可知此地原名"苑场","苑"字旧时多指帝王花园和文艺荟萃之地。

苑场碑

通天河

庄园四面群山环绕，一曲小溪庭前流过，背后九曲上游"通天河"依狮子峰流过。

2019 年，我主持"水之品"杯斗茶赛论坛时初识庄园主人黄正华，他盛邀我到黄村观光。他对家乡的挚爱之情令我感动，几次游玩后愈发觉得此地风光独秀，三教文化底蕴丰厚。2021 年底，适逢华态茶庄园落成，遂在此客居，往来于回应山房和华态茶庄园之间，发掘和打造山房与茶庄园两种风格的特色文化。再加上妙莲寺的寺院文化，每天忙碌于"两点一寺"的造景事物中，忙中得趣，不亦乐乎。

茶庄园庭院以"苑场"和"傲凡尘"石刻前后呼应，以"自在"和"舒园"石刻点缀其间。元代杜本在他的《怀友轩记》中详细记载了他从星村一路走来，在此地南湖边的履屋中遇一儒者，交谈甚欢，为此茶庄园特立"杜本亭"以纪念杜本当年卜居、筑室并隐居黄村。

清光绪版《毛氏宗谱》所附地图

元代诗人萨都剌《平川幽居》诗云："九曲溪行尽，平川隐者居。"得天独厚的自然环境，加上依景而造的书法牌匾石刻等文化元素，华态茶庄园已经逐步成为独具特色的"隐者居"。

庄园茶室位于顶楼，视野开阔，成为独特的看景品茶地。武夷山制茶人有"看青做青，看茶做茶"之说，但对喝茶人来说，根据独特的美景设计制作一款独特的香茶，"依景作茶，对景喝茶"，更是一种独特的享受。

卧佛

从茶室向东远望,举目青山,武夷山群峰一字排开,蔚为壮观。武夷山有摩崖石刻"此大块示我以文章耳",把书桌摆在天地之间,会触发很多灵感。

观高山仰止,山石升云,写"仰止"象形,仰者抬望,止者俯视。看山止云动,云止山动,动静"等观"。东方峰峦剪影恰似卧佛一尊,横卧云天,佛头正是著名的燕子窠,佛脚则是白云寺的极乐国。

择良茶做一款"横卧云天",看景品茶,别有乐趣

1921 年，旅行家蒋叔南曾在游记中记述："此间之峰又名三仰，形如马鞍，最高曰大仰，稍低者曰中仰，其下曰小仰。""在大仰远眺武夷全山之峰，如群马自西北向东南方冲锋而去，其可指数着共计一百余骑，大王峰则一马当前，称阵前建卒，三仰峰指挥官也。"

茶室南方群峰叠嶂，名曰"马山头"，逢云起时，乱云飞渡，山峰如马背，时隐时现，似万马奔腾，昂首嘶鸣，尘土飞扬，气势恢宏，有如"百马归川"。

万马奔腾

百马归川

依据民国时期的地图可知，茶室正南方是地名为龙岗和凤形的一脉山峰，正好以此为名，做两泡精品岩茶，品名品茗，是为上品。

庄园面对半月山，那里有新石器时代的遗址。庄园北面的烧香顶常有青烟缭绕，青烟浮空，结而不散，一缕紫帘翠影，依稀海天云气。烧香顶下白马岗山是天禄宫旧址，和位于其前后的天福宫和天寿宫呈三点一线布局。20世纪70年代，有勘探部队择旧址建营房而居。

虽时过境迁，物是人非，人去楼空，但四壁的涂鸦至今读来仍然栩栩如生。旧址四周有茶园和果树环绕，假以时日，旧址将被改造成观云动听风语的隐居地。

天禄宫旧址

卧佛入云藏，
仙家行四方。
两山承福寿，
三柱拜天香。

九曲将穷眼豁然，
桑麻雨露见平川。
渔郎更觅桃源路，
除是人间别有天。

当年朱熹所吟诵的桃源景色，今日依旧。

山深人寂寂，
涧曲水沄沄。
顾尔非忘世，
遗身在白云。

当年杜本所追求的山居生活，今日依然。

黄亭仙店

"仙店"古名"仙居"

我客居的回应山房位于仙店村,地属兴田镇,古称黄亭,曾是从水路南来武夷山的古渡口。自元代以来就承载着贡茶输送驿站之任,清代更是万里茶道起点——武夷山通往闽江的水路源头。

宋淳熙六年(1179年),陆游新官赴任,于金秋时节从建宁府启程到武夷山,乘舟溯流而上,行至黄亭古渡口上岸。一夜风雨过后,霞光初升,微风拂面,远方的丹霞群峰在云雾中若隐若现,

突兀高耸,重叠幽深。陆游心清气爽,赋得《黄亭夜雨》诗一首:

> 未到名山梦已新,
> 千峰拔地玉嶙峋。
> 黄亭一夜风吹雨,
> 似为游人洗俗尘。

从渡口沿古道进入武夷山,仙店是必经的驿站。人们在进入武夷山之前,会先在这里歇脚,传说有多位仙人曾在此歇脚,"仙店"也由此得名。据说沿古道进入仙店的山坡上本有一个仙人手印,前些年因为修路炸了半个山头,而今只留下半山岩壁。此岩本是仙店的地标,如今早已淡出人们的视野,甚至很多当地人也无从知晓。

寻迹来到岩壁前，初见时断岩残壁，平淡无奇，细看时大千世界，满目惊喜。岩壁色彩斑斓，不同的人会看到不同的图像，且随着日晒雨淋岁月沧桑，随时都会有所变化，就像一幅有生命力的鲜活的水彩画，真不知道这天然图画是因为经受了风雨日月的加工，还是神灵仙气的加持，天地造化，绝非人力所能及，这其中乾坤，看懂的人无不称奇道绝。为此我特意用笔墨在岩壁上写下"仙店"二字，好歹为感兴趣的后来者寻访此地留下个标志。

岩壁前有木头焚烧后的灰烬，不知是何人何时留下的，久而久之灰烬渗入黄色地面，形成了一幅天然水墨画。地面与岩壁之间点缀着几棵新生的松树，充满新生的灵韵，将岩壁上的水彩画与地上的水墨画完美融合为一体，所展现出的灵动意境浑然天成。

在这天然的场地，用心布上一道茶席，将一方天地灵气引入杯中，在品饮中感受这茶与境，赞叹古今往来武夷山的求仙客的悟道精进。

回应山房

回应山房位于仙店村虎山之荒野半坡，灵泉龙窑相伴左右，水火既济，相得益彰。距此地西北18公里是道教第十六洞天——升真元化洞天，东南28公里是道教第三十一福地——砚山文昌宫。

仙店油菜山遗址曾出土新石器时期崖居的先民们使用的石器和陶器等文物，在回应山房附近的茶山上也经常可以随手捡到带花纹的陶片，五千多年前先民在此生活的远古遗存给人以无限的遐想。

仙店村传说是"八仙"之一吕洞宾卖烧饼的地方，人杰地灵，水土宜人。回应山房对面是三重山，似山门开合，藏风聚气。晨起，晓雾未收，水雾升腾，看流云舞动，成为睁眼后最先的挂念。

半山之上有一方天然岩石形似回头猛虎,正好刻一象形字"虎"。虎山、虎石、虎字,相映成趣。

其间有奇石零落,正好精选武夷山历代摩崖石刻内容,随形就势,复刻勒石,构成独特的缩微石刻文化景观。

一般的勒石,通常是将书家墨宝放大或缩小以适合石头尺寸,很少是由书家直接在石头上书写,这样每块石头的位置、纹理、颜色、凹凸等独有的特点无法和书法内容有机地融为一体,但这正是我的兴趣之所在。就像"看茶泡茶"一样,"看石刻石"才能做到"字石合一"。

回应山房门口立有一方奇石，石上的天然白色印记酷似直立的蛇，石边偶见蛇蜕。古时闽人的图腾是蛇，福建省的简称"闽"字其字形就是蛇在门内。在石上依形刻"回应山房"作为山房门石，此石似有蛇神护佑，灵气十足。

某一日再观之，似有山虫知情解意，竟然在"房"字一侧筑巢，实在是得道高虫。

山虫在山房门石"房"字一侧筑巢

山坡上有一座小小的土地庙,每日水果鲜花泉水供奉,祈福一方水土。我为回应山房的茶厂取名为"合得",取自扣冰古佛的偈语"自合得"。为土地庙拟写对联:"合天道而行,得地利以成",横批"顺天应人",以应辟支古佛妙觉之道。

回应山房茶园石壁上阳刻长1.95米的"寿"字

武夷山独特的寿文化源自中国养生鼻祖,也是武夷山的开山祖彭祖。天游观有"寿"字石刻位置最高,暗寓"高寿"。桃源洞的寿石形似蟠桃,象征长生久视,益寿延年。而茶与寿的结合便是象征一百零八岁的"茶寿",回应山房特制"福禄寿"九年陈天心肉桂茶,每逢重阳节,品茶观景,不亦乐乎。

位置居中的正房是生活区,以儒家文化为装饰特色,正门青石仿刻"茶灶"石刻。从"众妙"之门进入生活区,产品展示厅内书法和茶品同赏一厅,书香和茶香融为一体,传达玩乐有方的生活情趣。

正门青石仿刻"茶灶"石刻

五曲景区内的茶灶石

茶灶石是立于武夷精舍后溪水中央的一块天然岩石，石上有穴可做石灶，传说古时有仙人常在此煎茶品茗。朱熹甚爱此石，在石上勒"茶灶"二字，闲暇时常携友渡溪到石上煮茶论道，并专为此石作《茶灶》诗：

> 仙翁遗石灶，
> 宛在水中央。
> 饮罢方舟去，
> 茶烟袅细香。

我择吉日在晨雾中乘舟登此石煮茶，石上有天然石灶二三，可坐人七八，烟火痕迹明显。我曾留"舒放"茶于石上，不知今安在否？

回应山房是休闲玩乐的雅趣空间，正所谓"回应山房，玩乐有方"。山房的室外茶室是泡茶赏景纳凉聚会之地，这里常常有人生的思考和文化的碰撞，天伦的欢笑和玩乐的聚会。山墙上挂对联："回品百味得新意，应和一笑作文章"，横批："玩乐有方"。楠木匾额和蓝天白云、青瓦黄墙、绿草红花相映成趣，别有风味。

山房主楼后安放有从三明永安整体迁建的清代民居状元府茶屋，因为来自文山村，故名"文山居"。古厝再现了典型的明代建筑风格，全屋为榫卯结构，点缀其间的雕梁画栋给人以怀古的乡愁，闲坐与古人对话，发思古之幽情。

山房右侧是研茶区，入口处有一棵奇树，一枝干长出十个枝条，正合回应"合十"老茶，寓意合十结缘一泡茶香。

从三明永安整体迁建的清代民居状元府茶屋"文山居"

再侧有"应接不暇"石刻，寓意众友前来问津岩韵，扣开岩茶的"众妙"之门。

"应接不暇"石刻

石窝景区内的"镜"字石刻

研茶区有一鸿山泉,泉边石壁上仿刻武夷山临五曲镜潭的摩崖石刻"镜"字。此镜字左右分开,取"开镜"之意,和池面倒影构成有趣的镜像图画。

与"镜"字石刻呈三角之位的还有两块石刻:"观"和"照"

回应岩茶博物馆中展示了岩茶的生长环境、制作过程和品饮技巧,可了解岩茶的前世今生和技艺传承。

回应山房左侧是养生休闲区。一方"茶洞"石刻,仿照武夷山"茶洞"之景。茶洞位于云窝景区,茶洞本无洞,乃由七座山峰环抱合围而成,洞口朝天,是为洞天,自成一方天地,山泉润土,少阳多阴,因"产茶甲于武夷"而闻名。

"茶洞"石刻

茶灶、茶洞、镜字石刻均仿照原刻原石而立，茶洞意味自然岩茶，茶灶意味人文情趣，镜字石刻意味禅意空间，它们浓缩了武夷山自然和文化的双遗产，是武夷山三教文化的精髓所在。看似零落的石刻造景，把回应山房生产、生活、养生三区连成一体，三区分明，自然和谐。

恰逢山水盆景园林大师陈集胜先生到访，正好办一场"山水集胜"雅集。集胜兄创作的武夷山万春园盆景将人工与自然美景融合成美妙多姿的立体画卷，因地制宜，因材制宜，因人制宜。以书法石刻立"意"，借山水集胜造"境"，以立意、借景达到中正、简洁的意境，这和大红袍岩茶拼配工艺的"合活"有异曲同工之妙。经集胜兄指点，假以时日，山房将会展现出暗香疏远的意境。

竹林幽篁里临溪而居的"隐庐"

用砚台青石板作茶桌,请武夷山碑刻大师吴宝云境刻我写的"人在山"和"草木间",平时做茶桌,玩时做拓片,融观赏和玩乐于一体,别有一番情趣。

"仙店"石碑

迎面有"仙店"石碑,在此地置"仙店"石碑,仙字象形,示意人在山为仙。山上种红桃紫薇,以应景于吕洞宾飘临武夷山时所留诗中的景色意境:

> 建溪之阳地敏灵,
> 葱葱苍苍多松药。
> 桃花泛水流九曲,
> 波回石涧飞寒玉。
> 山间无寒亦无暑,
> 峪桃红兮蕨薇紫。
> 武夷之山秀且高,
> 参元堪把生死逃。

武夷山居录

书房一隅。闲来无事，涂鸦几笔

大德曰生。贵生，乐生，养生。借山而居，临水随行，水土之宜。回应山房，晨有朝阳，夕有晚霞，食有舒菜，喝有舒茶，观有舒法，口舒适，体舒坦，心舒畅。

匠心传承

回应山房女主人应红一家三代做茶。1935年，应红爷爷应立炎从江西董团乡苏家村到武夷山庐岫茶厂学艺谋生。清朝时苏家村就是江西两个最出名的做茶村之一，加上他爱钻研技术，吃苦耐劳，忠厚老实，做茶手艺进步很快。1939年，武夷山岩茶大户张源美茶行收购庐岫茶厂，应立炎因为手艺出众被留任茶厂做厂管，旧称"包头"。后又被委以重任，负责管理茶行的天井茶厂和幔陀峰茶厂，全家也从交通不便的庐岫茶厂搬到位于倒水坑的天井茶厂。解放初期，应立炎是武夷山知名的炭焙师傅之一，后来一直在天心小队做焙茶师傅。据罗盛财老师书中记载："1946年，张源美茶行带人采摘从天心庙承包来的母树大红袍。"此时期应立炎正是受雇于茶行的焙茶大师傅。

《蒋叔南游记》中描述的天井坑"坑之长约二里，一水西流，疑无去路，其中岩石忽断，辟一门宽可六七尺，高可八丈，盘曲北走，即流香涧。"是武夷山很有趣的一水独自西流，折北而东的现象。文中的天井坑即今天的倒水坑，倒水坑是武夷山著名的正岩山场"三坑两涧"之一，具有独特的丹霞地貌，造就了茶品独有的岩韵。在倒水坑有一处"红军经过此山"的摩崖石刻，记录着当年方志敏领导的红军行军的轨迹。

这里峰岩四面环绕，形似天井。当年的天井茶厂是二层木制厂房，有三十多位工人。老茶场虽然已经废弃多年，但早年的痕迹仍依稀可见。岩壁上楼层支柱的孔洞，老房基勾画的厂房轮廓，石门楣还在正门的位置，地里还有当年使用的饭碗碎片，应红爷爷栽的橘树每年依然果实累累。

老茶场门顶

应红爷爷当年栽的橘树

当年老茶行的经营之道：品质第一，作价恰当，勤于经营。张源美茶庄出品的品牌是"白毛猴"，而岩茶多以产地命名，当年有名的品牌有"岫岩老丛水仙"和"三印水仙"。1956年公私合营，张源美茶庄并入厦门茶叶进出口有限公司，三印水仙品牌沿用至今，仍然是厦茶的当家品牌，并一度成为明星产品。

从天心永乐禅寺后方沿着岩谷步行 15 分钟就可到达倒水坑老茶厂旧址。解放后茶厂归公,应氏一家迁到天心寺居住,以在生产队制茶为业。

应红出生于天心永乐禅寺正殿左边那间地藏殿,现在是供有乌龙茶祖释超全的茶祖殿

应家兄弟三人从小都随父做茶,当时应家老三,即应红父亲应魁寿的岩茶手艺已经能独当一面。应红出生在5月制茶季,她的生日数字"513"也暗合了"武夷山"的谐音,在二女儿妙妙出生的2020年,回应茶再次荣获天心村斗茶赛大红袍状元的评审编号也是"513",足见其与岩茶的渊源之深。

应红自小在茶汤里泡大,在寺庙的晨钟暮鼓中成长,在寺内茶厂里随父做茶的日日夜夜,使得应红对岩茶有着独特的理解和情结。她和父亲的高徒吴忠华结婚后,于2007年自立门户,开创了回应品牌和回应山房。应红在27岁时开始独立制茶,在大女儿念念出生那年以回应品牌首次获得天心村斗茶赛大红袍状元,从此一发不可收拾,几乎

年年都有奖项斩获,成了小有名气的获奖专业户。2014年,应家因包揽了大红袍比赛的所有奖项而轰动一时。

"回应"名称是天心永乐禅寺住持泽道法师所赐。应家三代和大红袍及禅寺渊源颇深,这些天赐机缘成就了回应,成为回应岩茶骨子里的味道。回在口,应在心,我为回应写的Logo正是表现了这种画面感。

应红当年的陪嫁是十几铁箱爷爷亲手制作的奇种陈茶,上面还留有爷爷亲手题写的大名,弥足珍贵。在 2022 年回应汉城店开张时首次启封,并且用倒水坑的泉水冲泡品饮,满满的陈年老味。而后又举行了隆重的三代人再封箱仪式,也许留待回应百年盛典时再次品尝吧。

2022 年,回应山房的广告语:"距离 100 年,还有 13 年。"把回应做成百年老店需要立大格局,长远规划,精雕细琢,持续精进。我为回应汉城店开张题写了"百年回应"四字,为回应的百年梦想助力。

回应山房2017年开始筹建回应茶院、回应作坊和回应茶仓。天下大事，必作于细，假以时日，将会有一个独具特色的回应山房呈现于武夷山，不负如来不负茶。

因缘际会，福气恩泽，回应拥有核心正岩山场的肉桂水仙和不少小品种及野茶，为大红袍的拼配提供了丰富的物质基础。多年来，回应逐步将产品迭代，种类从几十种缩减至十几种，专注于正岩茶，化繁为简，化简为易，化易为趣，递阶精进，更上层楼。回者返也，一者初心；回者归也，一者本味。返回初心，归于本味。文章做到恰好，人品做到本然。从爷爷所在的张源美茶庄的"三印水仙"到父亲天心应家的"壑壑有茗"，再到回应山房的"回一"岩茶，祖孙三代匠心传灯，一脉相承。

回应山房还推出了全新概念茶——正岩教材茶，将武夷山正岩茶的品鉴变得简单可量化，逐步可进阶，把应家85年来对茶的理解融化在一泡茶汤里，精雕细琢，精益求精。用风味轮的简单方式，以精工正岩良品奉献给岩茶爱好者。每一道茶汤就像一曲旋律，展现不同的节奏和韵律，茶汤的香气和滋味就像美丽的音符，在舌面和口腔跳跃回荡，余味悠长。

我曾为回应山房的顶级产品"回一"题字，在走访倒水坑山厂天井茶厂旧址时，竟然惊喜地发现在岩壁上有个类似"回"字的红色符号，加上应红的手，正是我当时题写"回一"时脑海中出现的画面。万物有缘，字亦通灵，真是妙不可言。

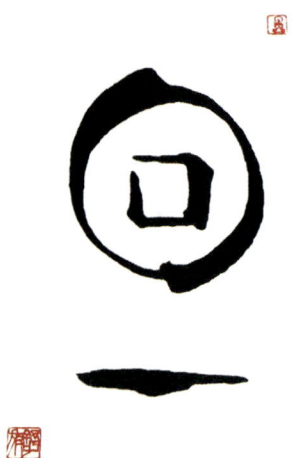

我和回应山房结缘,源于在北京茶于老师家茶聚时喝到的一泡百年老丛水仙岩茶,口感惊艳,难以忘怀。以至于后来有机会追到武夷山,追到回应山房,看到"天心应家"三代制茶人的匠心传承和应红忠华小两口的精进成长,进而到定制"舒放"专属茶,再进而到举办《茶之书》书法展。茶者,天涵之,地载之,人育之。循天时,顺地理,合人力。有感而发写下《回应说》:

> 回应者回于何处?
> 回香,
> 回水,
> 回韵。
>
> 回应者应于何处?
> 应天,
> 应地,
> 应人。
>
> 一片茶叶,
> 做茶人应天地人和,灵动应时,
> 一盏茶汤,
> 泡茶人回香甘韵合,妙手回春。
>
> 回者,还也,应者,当也。
> 还朴归真,当返本味。
> 回应之道是也。

私房岩茶

说起茶的起源和发展足迹,陈宗懋院士曾说过,"我国茶文化兴于唐,盛于宋,发展至今,经历了吃茶—饮茶—玩茶的演变。"

回应山房掌柜吴忠华精心选用大红袍拼配工艺,亲自"掌勺"为我定制了这款以茶气充盈为特色的人物肖像茶:舒放。

武夷岩茶的优点是好喝，缺点是太好喝，以至于偶入岩茶道，终身难自拔。说起这款茶，还得先从对岩茶的认知去理解这个鲜明又鲜活的艺术品。

话说晚清年间，梁章钜游武夷时夜宿天游观，与道士静参品茶论茶，他将武夷岩茶特点概括为"清、香、甘、活"四字。对做茶人和喝茶人来说，做出和喝出"清、香、甘"来相对比较容易，我们可以用视觉、嗅觉和味觉去感知和捕捉茶的色泽、气味和滋味，这些属于形而下的物质层次，而"活"，则是形而上的"空"的精神层次。

单一品种茶如肉桂或水仙，做得再好也只是表现出它们各有的品质特征，而如果想要满足心中那种最完美的境界，就需要基于对单丛和工艺的深刻把握，灵活运用拼配技巧，来实现多元化的优点组合。从这个意义上说，拼配大红袍也是一种"活"的体现。

喝到"活"的茶时，体内仿佛有股气在循经运行，从舌尖、口腔直到全身的体感都被激活，身体里的多巴胺活跃起来，被唤醒和运行的这股气正是茶叶内含物质对身体产生作用而生发的体感。

如果说茶之精是内含物质，茶之气是运化能量，那么茶之神就是活力信息，从而逐渐达到舒放的体感和愉悦的高潮。文人喜欢咬文嚼字，茶喝了出汗叫茶熏，茶喝了打嗝叫茗吟，茶喝了上下通气就叫舒放。

梁章钜说："活之一字，须从舌本辩之，微乎微乎。然亦必瀹以山中之水，方能悟此消息。"这个"活"的消息其实是很难悟到的，需要在茶、水、器、人、境所构成的综合气场都能生发融合时，才能感悟到。

读梁章钜《品茶》，再论武夷品茶之香、清、甘、活。一六居士即兴诗云：

> 四等分茶瀹味真，
> 一香妙谛浅浮深。
> 清新次递双佳种，
> 厚韵甘活上品臻。

次第出芳的香气是"活"，绵润刚烈的变化是"活"，苦涩甘甜的转换是"活"，转瞬即逝的舌颤是"活"，不由自主的肠鸣是"活"，清浊升降的气动是"活"。活者，生也；活者，动也；活者，灵也。

在随心所欲的花式玩法吸引下，传统农耕式的茶叶生产似乎已经无法取悦我们的精神需求，所以，在茶的工艺和风格上开始尝试"舒式玩耍"风格流派。品饮这泡寄托了一伙玩茶人的人文情怀的特色茶，可以感悟到一泡茶的生命韵律和灵动。

看茶泡茶——对不同茶的品种、火候、陈放的诸多因素的把握决定了不同的泡法。看人泡茶——对不同茶客的茶龄、口味、喜好等的理解也决定了不同的泡法。

茶汤表达出人与自然的联结,让普通的一杯茶有了生动的画面感。既然作为媒介和桥梁,它能体现自然,也能体现人。吴忠华说:"画家喜欢一个人的表达方式是为他画一幅肖像画,那么做茶人的表达方式就是用我们的手艺去做一泡'肖像茶'。"

为了玩得自然,达到天人合一的效果,我们一起推敲和制定了做"舒放茶"的吉日,以期得到大自然的助力:丁酉年五月五日采制,九月初九重阳节初焙,十月初五达摩诞辰复焙,戊戌年正月二十三天穿节(女娲补天节)复焙,二月初二中和节(祭土地五谷神节)终焙,二月初二龙抬头,开泡品饮。

初品,想找到这款茶里我们都想表达的"活"的韵感。开汤宛如琥珀般透亮清净,第一水还略带微微火功香,第二三泡开始,一股幽直的丛味带着似蜜粉的花果香蹿上来,舌尖触碰茶汤,柔美甘甜如饮泉霖。第五泡之后木质香做基底,栀子花香线条清晰地融于每一水中。继续冲泡,随着茶汤滋味变得清甜,身体每个关节的阀门仿佛都被打开,就像瑜伽收尾的放松动作,身体渐渐从觉知中找回能量。茶气一直活跃在体感的边界,茶熏茗吟,在呼吸吐纳、嗅品吞咽之间,舌尖不由自主地舌颤,还有舒放的蝉鸣。

感叹了茶的体感，再用形而上的花式冲泡方式玩茶。先选好满意的器物和水，我泡舒放茶，首选五台山五龙泉的"水之品"泡茶水，选用潮州朱泥壶非遗传承人谢华老师手做的改型梨形壶冲泡。

对于火气还没有完全退掉的第一水，把泡的时间放得长一些，这样可以去一下火的燥气，第二水开始出水的时间快一些，这样的滋味比较柔和。

要全身心地体会茶的体感，首先就是要调整到舒放的体态和心态。喝茶空间要相对密闭，自然微风流动，不要开空调，让空间聚合形成一定的能量场。泡茶时不要太拘泥于形式，看茶泡茶，最晚到第三泡就应该调整到最佳的味道。

其实我最喜欢的还是到武夷山的山水间去泡茶，我们曾经把牛栏山二锅头和牛栏坑肉桂带到坑里办了个"牛二"茶席，你们说玩得牛吧！

舒放之意源于三国嵇康的《琴赋》："情舒放而远览，接轩辕之遗音。"为了在喝茶过程中放松每根神经末梢，把多巴胺的活跃度调整到最饱满状态，我把品饮舒放茶的次第感受写成辞赋，还找朋友把舒放茶品饮歌用古琴曲《凤求凰》的曲调弹奏和吟唱出来作为品饮舒放茶的定制音乐，让岩骨花香的岩韵和上古遗音的音韵在这里产生和谐共鸣，达到一种体舒心放的和谐境界。

> 合十结缘兮，一泡茶香。
> 热杯熏蒸兮，兰芷升扬。
> 入水化汤兮，刚柔同昌。
> 绿叶红边兮，山场欲彰。
> 花果木行兮，次第出芳。
> 清香甘活兮，啜味悠长。
> 流注经脉兮，贯通阴阳。
> 气沉丹田兮，茗吟舒放。
> 道骨仙风兮，醍醐琼浆。
> 天成地就兮，回应上苍。

一泡茶需要用眼、耳、鼻、舌、身、意全方位体悟。美食评论人韩非曾说："没落俗过人间的肉体和灵魂，是无法在岩茶里得到某种类似高潮的共鸣。"

茗吟舒放

作词：舒放
作曲：知了

1 = B 4/4
♩ = 98

| 6. 5 3 6 | 6 - - 0 | i. 6 5 6 | 3 - - 0 |
合 十 结 缘 兮， 一 泡 茶 香。

| 3. 6 6 5 | 2 - - 0 | 5. 3 2 3 5. | 6. - - 0 |
热 杯 熏 蒸 兮， 兰 芷 升 扬。

| 6. i 6 5 3 | 6 - - 0 | i. 6 5 6 7 | 3 - - 0 |
入 水 化 汤 兮， 刚 柔 同 昌。

| 6. 3 2 3 5 | 2 - - 0 | 3. 5 2 3 | 6. - - 0 |
绿 叶 红 边 兮， 山 场 欲 彰。

| 2. 1 6 3 | 3 - - 3 | 5 - 5 6 7 | 3 - - 0 |
花 果 木 行 兮， 次 第 出 芳。

| 6. 5 3 2 | 3. 5 1 0 1 | 2 - - 3 | 6 - - - |
清 香 甘 活 兮， 啜 味 幽 长。

| i. 7 6 3 | i - - i | 2 - - i 2 | 5 - - 0 |
流 注 经 脉 兮， 贯 通 阴 阳。

| 6. 5 3 3 6 | 6 - - 5 6 | 5 - - 2 3 | 2 - - 1 7. |
气 沉 丹 田 兮， 茗 吟 舒 放。 道 骨

| 6 3 3 3 2 3 | 5 1 1 1 0 5 | 3 2 1 2 0 3 2 | 1. 6. 6 - : |
仙 风 兮， 醍 醐 琼 浆。 天 成 地 就 兮， 回 应 上 苍。

用"舒放"茶汤作一幅茶画，也是别有一番味道

茶，是可以玩的。把煮沸的舒放茶汤当作墨汁，在宣纸上来表现茶的活性，通过水在纸纤维间的流动，把颜色和颗粒扩散开来，从而品鉴出一泡茶的质感。内含物质丰富的好茶会在字的边缘产生明显的颗粒物堆积，从而呈现出字的立体感，既直观又生动。

从此，舒放私房茶成了我随身携带的"口粮茶"。茶刚做出来，我正好出差到英国，便带了几泡。在温泉小镇 Buxton 的一眼古井 St Anne's Well 旁试泡了一把，也是真真地能逗一帮老外打嗝肠鸣呢！

龙窑烧盏

水是茶之母,器是茶之父。茶要喝好,少不了水和器的助力。由于专业的缘故,我对武夷山的水有特别的探索和珍爱。弥足珍贵的是回应山房有几眼泉水,冷冽甘甜,绵滑可口,真是难得的享受。天然的泉水乃天地的造化,自有一种天然的韵致。天赐美泉,未失自然,原水泡原茶,真可谓岩茶知己,煮茶有自然的芳香。

回应山房主人吴忠华这几年除了钻研做茶,又迷上了建盏,就像从爱茶到焙火做茶一样,他也从爱盏到烧窑做盏。2016 年,他按照宋代龙窑制式 1:1 的比例建成了回应窑,初窑于 2017 年 11 月烧制。回应窑是忠华把火的艺术从岩茶延伸到建盏的一次跨越,把玩的兴趣从茶叶扩展到黄土的一次尝试,从此,回应茶、水、器三要素俱全了。

好景不可无字,我用盏、烁、吉字借景刻字,赋予回应窑以文化气息和玩字乐趣。

回应窑牌匾

在形似建盏的石上刻象形字"盏"

在窑面写下形似烟囱和建盏的甲骨文"吉"字

都说入窑一色，出窑万彩。谋事在人，成事在天。最激动人心的时刻就是匣钵出窑的那一刻，一搓黄土用火烧之，竟然能呈现出油滴、兔毫、红柿、蓝光等丰富的色彩，烧窑火候和做茶焙火的分寸把握真的是一脉相通。

做茶和烧盏都是火的艺术。一片茶叶，经过火的锤炼，香味扑鼻；一搓黄土，经过火的历练，色彩斑斓。火候的掌握是关键，做茶的火候是靠嗅觉和触觉，靠嗅到的香气和手感的温度来掌控的。烧窑可就难了，只能靠火焰的颜色变化来掌控火候，正是那种不可预知的变幻才更值得期待。

盏的涅槃

釉的变幻

只烧了两窑建盏的回应窑因为各种原因不得不拆掉，烧成的那些美妙的建盏已经成为绝唱。现在回应窑被设计改造成露天音乐台"回应乐坊"，成为"玩乐有方"的重要部分。首届"遥响雅集"以精选的武夷山摩崖石刻为背景，美妙音乐在这四面环山的天然音箱中遥响出天籁之音，和千百年前的古代先贤对话。

灵源三品

武夷山三教峰代表着儒释道三教文化的千年传承。

中国文化，灵源一派。

儒：武夷山儒家代表人物朱熹。他在九曲溪之六曲响声岩上题刻"逝者如斯"。追求圣人之道，像河流不舍昼夜般进学不已。

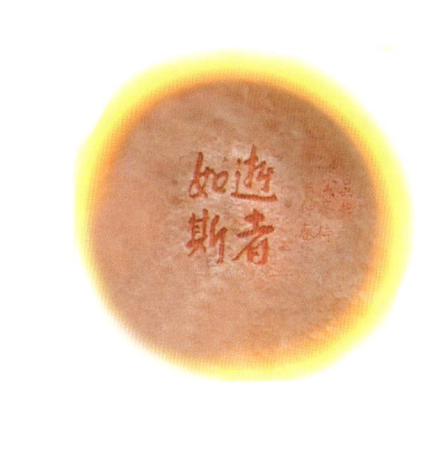

释：武夷山佛家代表人物扣冰古佛。他望中秋月圆天心而豁然开悟，"欲会千江明月，只在天心一轮光处。"石刻"天心明月"位于"一线天"。

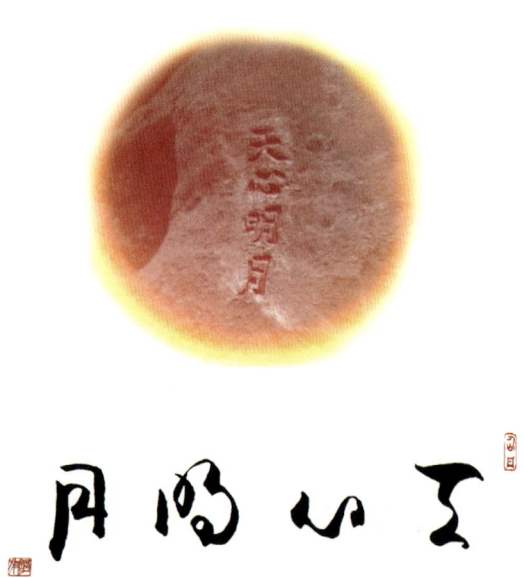

道：武夷山道家代表人物、南宗五祖白玉蟾。大王峰下有道教第三十六洞天之升真元化洞天——止止庵，庵内祖师洞上有石刻"止止壶天"。

把文化元素溶于一杯清茶，品味"灵源三品"儒释道三款茶：

依据状元郎披红袍于茶树的传说制成的大红袍岩茶颇具儒家风范。

相传武夷山慧苑寺僧人积慧手制特色茶"铁罗汉"颇具佛茶品质。

宋代止止庵道观观主白玉蟾手制特色岩茶"白鸡冠"颇具道茶特色。

以灵源三品为雅集主题，品味儒释道三教茶，体会武夷山"千年儒释道，万古山水茶"的精髓。

野趣行茶

人间仙境在武夷。武夷山有山水奇观,有漫流山泉,有美味香茶,有先哲足迹,有同道好友,是个好玩儿的地方。

谷雨时节,雨生百谷,烟雨蒙蒙,生机勃发。"正好清明连谷雨,一杯香茗坐其间",远看碧水丹山,烟岚云岫;近观嫩芽初放,鲜萃欲滴。这个时节是造访武夷山的最好季节,可以沉浸在云雾的仙境里,体验采茶的乐趣,聆听雨落的清音。

在幔亭峰下依石桌小坐,遥看幔亭峰风起云蒸,梦牵仙台。品一杯香茗,裁云剪雨,溶于杯中,和茶而饮,宛如仙丹。

慢亭品茶

伍 仙居半入云

九曲溪左为阳右为阴，在S形的对称位置有天圆地方两眼古井，阴为方形"龙井"，位于武夷宫内，阳为圆形"通仙井"，位于御茶园内。古时每逢惊蛰节气，县令都要率众在此举行开山仪式，喊山祭茶神。祭文曰："惟神，默运化机，地钟和气，物产灵芽，先春特异，石乳流香，龙团佳味，贡于天下，万年无替！资尔神功，用申当祭。"述祭文后鸣金击鼓，同时高喊："茶发芽了！"随着喊山声浪回荡，"茶神享醴，井水上溢"，颇为神奇。

龙井

通仙井

而今即使在满目青山的武夷山，想寻得一泓适口的活水流泉也实为不易。一日春雨，三日飞泉，访茶转山途中常有流泉相伴，在一山野幽静处，偶遇一泓清泉，正合茶圣陆羽的评泉标准："山水拣乳泉、石池漫流者上。"其水质上乘，凛冽甘甜，取之泡茶，彰显茶性。

偶然远观外景，发现在眉间石壁上竟有眼形刻痕，盈盈秋水，惟妙惟肖。想必古人也曾偶遇此泉此景，有感而发，勒石记之。汲水冲茶，醍醐灌顶，似有天目顿开之感，命名此泉为"天目泉"当不为过。

天目顿开

一泓流泉

岩茶味道

明代吴拭在其文中对武夷岩茶的岩韵也有分说:"余试采少许,制以松萝法,汲虎啸岩下语儿泉烹之,三德具备,带云石而复有甘软气。"这大概是对武夷山茶岩韵的最早描述。

微雨时节,在流香涧溪边煮水行茶,新鲜的溪水在炉火上沸腾,腾波鼓浪,涌泉连珠,水在炭火的助力下跳跃起来,珠似鱼眼,响如松风。特意选一款流香涧山场出品的"水仙",用晶莹的水柱把沉睡的茶叶唤醒,山场的气息、流水的活力,汇于茶烟,弥漫四方,飘出青叶和阳光的气味,流出岩骨和花香的活韵,岁月沉淀造就的底蕴厚积薄发,瞬间在舌尖和口腔中扩散,给体感以刻骨铭心的冲击。细滑的茶汤过喉瞬间的美妙,却是荡气回肠的震撼。制茶时的火气经水润之,得以中和。岩骨之阳,花香之阴,和合之韵,得以张扬,原水原茶共一杯。水调茶情,相得益彰,本真原味,天地融合。岩茶自有传香语,留待佳人独自知。

茶从淡到浓,又从浓到淡,最终复归于平淡的无味。然能品得无味之空灵,便极近"真味"。初见时,茶是茶,入口时,茶是水,再品时,水就是茶。一壶禅意,随茶而行,无上清凉,浓淡自知。

流香涧泡茶

茶道返朴

和友人同游大王山，在空山翠谷和鸟语花香中登山两小时，方才到达半山腰的天福道院。在道长的土屋陋室中煮水烹茶，屋顶适有一片碎瓦将一束正午的阳光引上木桌，余玩性大发，讨来笔墨，在充满着时代沧桑的土墙上写下"茶仙"二字，摆上刚出泥的萝卜，将茶杯置于其上，缕缕茶烟在一束光柱中徐徐而上，呈现出典型的丁达尔现象，射入的光束在茶烟的缥缈中呈现出神秘的光晕，青白萝卜上翠绿的新芽，彰显出生命的初发张力。所有的前景都烘托出背景土墙上的"茶仙"二字，透显出一种本自天然的内在美，勾画出一幅返璞归真的茶道图。

临行，同行的一六居士提议留诗上联待后人补壁，并出上句："深山藏古院"，余对下句"煮水醉茶仙"，题书于墙，并留年款，以待后人续诗。

茶汤写寿，茶书长寿

土墙上写下"茶仙"二字

今人喝茶，也许赋予了太多的仪式感，其实简单更有本然的乐趣。茶以养生，一百零八岁为茶寿。书以养生，寿从笔端来。茶汤写寿，茶书长寿。

山石云窝

好山如隐士。云隐青山，五曲为最。隐屏峰位于五曲云林深处，直上直下，方正如屏，峰顶诸多仙家遗迹常隐于云雾之中，古号"隐屏真境"。

北宋政和年间，下梅村乡贤江贽，字叔圭，这位才子婉言谢绝了朝廷的三次命诏，不肯为官，而宁长久归隐于下梅君峰，朝廷赐其号"少微先生"，并建坊门，门额书刻"叔圭精舍"。后被移至云窝，门旁石刻"云窝居径，叔主隐居处，著《通鉴详节》"，记录了江贽隐居研读《易经》，写下《通鉴详节》的过程。叔圭精舍石坊门两侧的石门楣上有一副石刻对联："归去难忘千里约，到来已踏万山云。"因为此处是"云窝"，云之多可以用万山来形容。

云窝

据白玉蟾《云窝记》记载："蓦而丹枢陈先生辟谷不粒，年已七八旬，犹方瞳漆发，其颜犹童，未知何许人。而终日凝神不语，兴卧笑谈与常人异，所附身仅破袖，一日一存乎五曲之间，吟晦翁先生诗山高云气深之句，平林烟雨，尚如昨也。于是诛茅伐竹，经营一庐，目其庐曰云窝。后倚大隐屏，前望三教峰，左则仙掌，右则天柱，面丹炉之石，枕铁象之岩，龙之形虎之状，奇哉。"

在九曲溪的五曲溪畔，独享九五之尊的这片依山临水藏风聚气之地被称为"云窝"，兼得峰峦溪流之美，巨石倚立"壁立万仞"，临水湾流逝者如斯。这里有因峰岩崩塌形成的大小几十个石洞，冬春两季，雨过天晴，洞里会袅袅生烟，云雾弥漫。"云卷舒，雾浮涌，倏忽变换"，细思一个"窝"字了得，或言云之多，或言云之藏，或言云之居，或言云之母，云窝便是云的家。

山石即云根。古人认为云是从山石中产生的，《说文》中云："云乃山川之气也。"常人观云仰望天，高人观云俯瞰地。雾涌云蒸，烟岚云岫，白云从

山石中升腾而出，汇聚漂流，无中生有，来去无踪。神仙居处云，看云即是仙。

云窝是武夷山景点之精华所在，历代不少高士清流归隐，在此隐居清修。明代少司马陈省告退官场后，"为爱白云深，结庐在五曲"，在此处卜居构筑幼溪草庐，隐居十三年，与云为友，观雾锁云笼，看雾散云消，坐看云起时，孤云独去闲，留下了大量以云为题的摩崖石刻，岁月失语，惟石能言，流云的万般变化写作传世的千古印记。在六曲响声岩有陈省的记事题刻"万历癸未二月，长乐陈省自楚挂冠入武夷，结云窝"是他归隐武夷山的实录。陈省还建有栖云阁等多处以云为名的亭台楼阁，虽多已无迹可循，但仍留给后人云在山间百态千姿的想象空间。

云窝。陈省的幼溪草庐即建于此

金文石刻"留云"

研易台

穿过一条隐蔽的竹间小路，路边岩壁上有金文石刻"留云"，透着几分玄秘，变形的云字似有云岚升腾，潇洒飘逸。前有研易台，"洞夹两石之间，背有巨石如屏，天然石磴可抵洞顶。"陈省在此依洞筑台，演易卜算。

台前有茶灶，虽已青苔斑驳，但仍可观其设计精巧，布局合理。择吉日在此间布一茶席，携"福禄寿"茶，取古灶煮新茶，通天地贯古今。

拾阶梯而上至天游峰顶，俯瞰云层翻滚，白浪滔天，卷舒自由，动静随意。时现远近峰峦，恍似海上仙山，此时才能体会到朱熹诗句中"武夷高处是蓬莱"的意境。

云窝景区中有一处两端通透的"嘘雲"石洞,酷暑时节步入洞口,习习凉风从洞中嘘弗而出,热汗顿消。《说文》中注:"嘘,吹也。"《声类》中注:"出气缓曰嘘。"嘘云乃是随风吹来的浮云,行云飞动,给人以动感十足的画面,故有嘘云掩月、喷雨嘘云等成语。白云本是无心物,却被清风引出来。韩愈《杂说》中云:"龙嘘气成云。"宋代郊庙朝会歌辞唱曰:"灵之至兮,逸驾腾骧。嘘云吸气,承祀日光。"嘘云便有了神圣的含义。

"嘘雲"石洞

在云窝景区中有处不太显眼的石刻"白云深处",取自白玉蟾的诗句"千古蓬头跣足,一生服气餐霞。笑指武夷山下,白云深处吾家。"一日去此处为所做的道茶拍产品照,忽见一只金蝉从石缝中跳出,在最恰当的位置为道茶摆Pose,微妙绝伦,叹为观止!

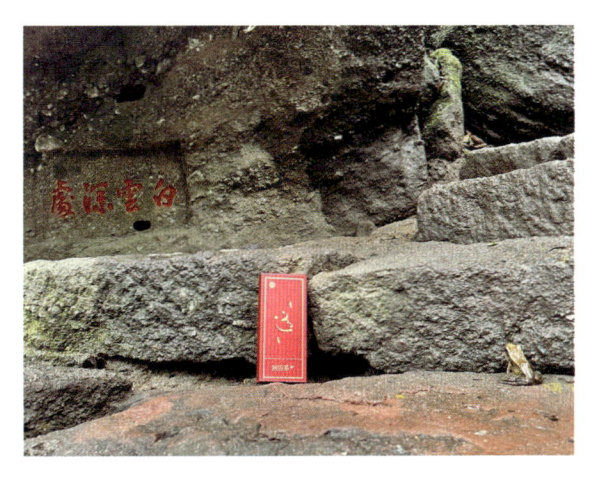

"白云深处"

云窝中的众多摩崖石刻就像会说话的老者，与今人搭建跨时空的桥梁，倾听入心，悠游古今。其中一幅"人共云间"应该是"人共云闲"，闲的繁体字写作"閒"，想必是描红人把门内"月"描成了"日"。坐云间，共云閒，自然多了几分雅趣。

武夷碧水丹山，占尽人间美。但我以为最美的却是那瞬间变幻万千的云，雨住云腾，在朝阳或晚霞中的色彩斑斓。

云水禅心，阴阳之道，尽在天上那一抹自在的云。武夷云，美之极！

（伍）仙居半入云

一盏茶居

回应窑前有一眼涌泉,清冽的泉水从石缝里涌出,经年不断,口感甘甜。其上方恰有一方象形青石,形如建盏,正好用来刻形意字"盏"。方寸之间,茶、泉、盏浓缩了茶、水、器三要素,实为品茶之妙境。再寻一方石,刻一象形之"壶"字,前接一盏泉之茶水器,后承道家"方壶,瀛洲,蓬莱"之仙居地。

窑后有一股溪水从山间流出,积水成潭。竹影倒映在池面上,在霞光下摇曳生姿,溪水潺湲,鸟叫虫鸣,更显得幽静。幽篁里的"隐庐"好似朱熹怀念五夫潭溪旧居所描述的幽境:"绕舍扶疏千个竹,傍岩寒冽一鸿泉。"我和回应山房也是因一盏老丛水仙茶而结缘,由此说来,此境名为"一盏茶居"最为适宜。

"一盏茶居"隐于山坳,桃红薇紫,松竹环绕,为闲散生活平添许多独坐幽篁、松间照月般的优雅情趣,正合了宋代隐者鹤梅先生林和靖的意境:"竹树绕吾庐,清深趣有余。"

象形青石,形如建盏,正好用来刻形意字"盏"

汲水烹茶,借境成席。一灶、一壶、一盏,素手汲泉,活火老茶,注水行茶,不需要繁琐的仪式,不需要些许的做作。翠鸟春虫,啁啾婉约,坐石听泉,信手泡茶,临水品茗,流水弹奏出无弦琴的弦外之音,山风吹奏出松枝间的呢喃私语,静坐独享简淡幽远的自然气息,倾听内心的寂静。

色不异空

"一盏青灯一盏茶,半池竹影半日仙。"茶需慢品,简淡闲适,独啜曰神。明人陈继儒《茶话》中亦言:"一人得神,二人得趣,三人得味",独享"举杯邀明月,对影成三人"的空旷清幽。

一盏茶又能品出多少味道?茶如美人——"从来佳茗似佳人"。泡出茶的清浊、浓淡、深浅、沉浮便是别样味道,便是得道高人。

古人将一刻钟记为一盏茶时光,春宵一刻值千金,人生能有几刻春宵?把人生泡在茶里,一盏人生。渴了倒茶,便是茶道,禅茶一味而已。

"而乐乎山者,心境一如也",故作小匾"乐乎"悬于堂前,借境养心。

闲适,是人生中最简单但又最奢侈的事情。李清照说,"别是闲滋味"。真的闲下来,才有时间和心情去看那不曾关注过的溪风吹雨,山云漏晴,才能体味不一样的个中滋味。闲品一壶茶,听泉对晚霞,落红风送絮,俯首拾朝花。

小隐于山

白贲无咎

七彩合成白色,灿烂归于平淡,从高光时刻返璞归真,白贲的光而不耀乃是人生的大境界。

《说文》中曰:"隐,蔽也。""隐"本义为"隔山看不见",逃避世俗,匿居山林,回归自然,持守本心。不求认同为"隐",自得其乐为"逸"。《晋书·隐逸传》中曰:"常食粗饮水,衣褐缊袍,人不堪其忧,而悠然自得。""野逸"为隐。

宋代石刻"挂瓢"

相传许由是历史上有文献记载的第一隐士，被誉为"隐士鼻祖"。他夏巢居，冬穴处，依山而食，傍河而饮。蔡邕《琴操》中记载："许由无杯器，常以手捧水。人以一瓢遗之，饮讫，挂瓢于树，风吹树，瓢动，历历有声，由以为烦扰，遂取捐之。""许由挂瓢"喻指清高的隐居生活。幔亭峰东麓，镌刻有宋代石刻"挂瓢"二字。

"然自秦汉而降，历为方士羽客隐遁之所。"武夷山山闲静远，少避世纷，山水灵异，于斯为最，自古以来就是仙风缭绕的出世隐居圣地。道教南宗五祖白玉蟾就记载彭祖"生平惟隐武夷山，茹芝饮瀑，能乘风御气，腾身踊空，岂非仙耶。"多位羽士高道在此入隐结庐，亲近自然，修真养元。董天工在《武夷山志》中记载了自宋代以来在武夷山隐居的十八位著名隐士。

《礼·礼运》中曰："大道既隐。隐犹去也。"也正因这好山好水好茶，武夷山成为历代先贤归隐修行之福地。南宋理学大儒朱熹在武夷山归隐五十年，传经播道著书立说。他在《隐求斋》中云："晨窗林影开，夜枕山泉响。隐去复何求，无言道心长。"元代杜本隐居黄村三十年，其《怀友轩记》详细记录了归隐卜居筑庐的过程："天下名山此最奇，溪潭澄澈路逶迤。……十年来往追寻遍，似与山灵有夙期。"

武夷多云，白云通仙。白云来处，凡尘隐去，云深不知处，只在此山中。明代陈省在武夷山云窝筑庐，隐居十三年，住山不记年，看云即是仙。看那风起云涌，云行雨施，风流云散，烟云过眼，留下了大量以云为题的摩崖石刻供后人玩味。

"酒类侠，茶类隐。"武夷多茶。人生如茶，从浓到淡，从浊到清，从深到浅，从浮到沉，从浮华归于平淡，以茶为隐。仙家常与云茶为友，白玉蟾的茶诗《卧云》把快活的神仙生活写得明白："满室天香仙子家，一琴一剑一杯茶。羽衣常带烟霞色，不惹人间桃李花。"

白云生处有人家。在武夷山择一隅而居，做闲散山翁，与云茶相伴。在武夷山，我居黄村和仙店两地，茶庄园和回应山房相隔不远，各具特色。它们的妙处都在于一半依山伴溪，一半小镇村市，仅是一路之隔。一半还之山水，一半让与人间，转身红尘之外，回首凡间烟火。

不由得想到唐人白居易的追求："大隐住朝市，小隐入丘樊。丘樊太冷落，朝市太嚣喧。不如作中隐，隐在留司官。"我等凡夫俗子，留恋红尘市井，仙凡混合，中隐最好。

寻一方石，刻一象形之"壶"字，前接一盏泉之茶水器，后承道家"方壶"之仙居地。"壶天"即为仙境，壶化生天地，上有日月经天，下有楼观拔地，乾坤之炉可采天地之气，壶天之中便是方外天地。"心境俱清即是仙，一时人在小壶天。"足不出户而"壶天自春"。

选择孤独为隐,享受孤独为逸。隐逸人生,独自陶醉。对陶弘景的感叹别有同感:"山中何所有,岭上多白云。只可自怡悦,不堪持寄君。"

日月交替,斗转星移。
隐逸山野,其乐无穷。

伍 仙居半入云

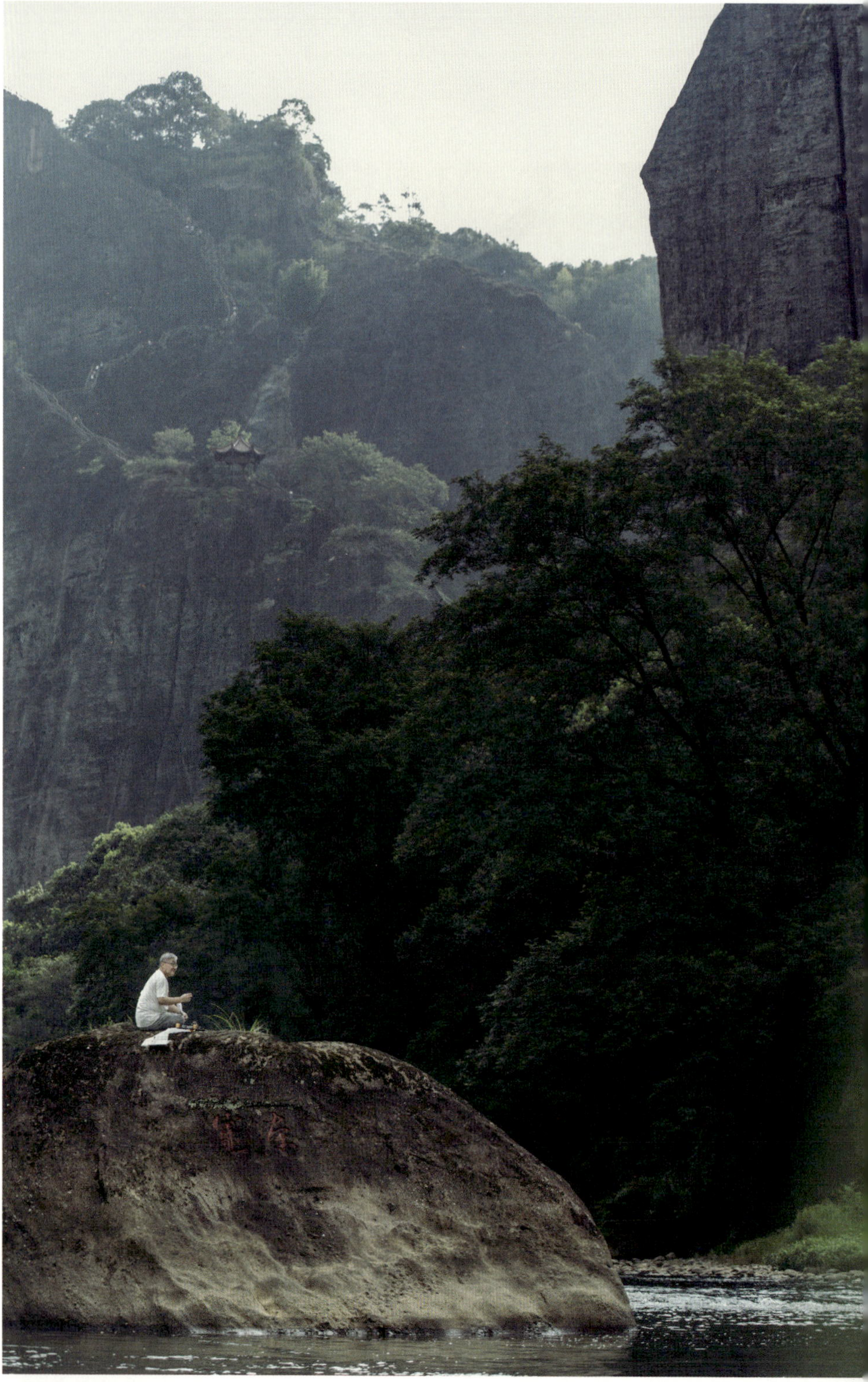

后记 亲曾到武夷

亲曾到武夷

南朝才子江淹以"碧水丹山、珍木灵草"来描述武夷山独特的美。

武夷有茶,"珍木灵草"。品过岩骨花香,才知道"真水无香"。"无由持一碗,寄与爱茶人。"

武夷有景,"碧水丹山"。玩过九曲天游,才悟到"云淡风轻"。"有形不累物,无迹去随风。"

在武夷山客居了三个年头,除了最冷和最热的那几个月以外,都在山里闲逛。游山玩水,访古问今,随手记录,积水成渊,春华秋实,就像武夷山后源古村的丰收季,岁物丰成。

宋道人白玉蟾在《题武夷五首》诗中感叹道："游人来此醉归去，几个亲曾到武夷。"在巨口村的青山绿水之间有座清代石拱桥，造型优美秀丽，仿佛连接着我和武夷山，虽然多次归去来兮，还是常看常新——常有新的感悟和再来的冲动。

今日收笔，意犹未尽，感觉可以"醉归去"了。恍惚间又有一种"与君初相识，犹如故人归"的感觉，也许两千多年前先祖曾经参加过幔亭招宴吧，那山那水还是那么熟悉和亲切。武夷山是学堂，是禅林，是道场。武夷山就是一方乐土。沉浸式地玩乐来日方长，继续在武夷山"寻她千百度"，也许能"亲曾到那灯火阑珊处"。

有人说："假如我在世界上任何一个地方迷了路，请把我带到中国的武夷山。"武夷山就是我心中的伊甸园。

武夷山的玉女峰和大王峰隔溪相望，似一对恋人脉脉含情，演绎出许多美好的爱情故事。九曲溪边一座石雕见证着大王和玉女的爱情，以溪中"印石"为证，正如我对武夷山的热爱，以此书为证。

此心安处是武夷。

感恩众友

丘理真，尹姜晓晖，周洪舰，周洪刚，陈集胜，
吴忠华，应红，于璞华，肖玉慧，朱洁，张微，
陈绿芳，陈少琴，陈晓宝，黄荔华，杜雪华，吴宝云，
周建福，连容华，周宜夏，赖建和，兰林和，
黄正华，翁小宁，李彦钧，郑国虎，傅瑜，黄盛，
练瑞辉，袁秀华，林蓝，占济敏，吴礼浩，董宏浩，
邹全荣，邱汝泉，李诗林，张晓华，高绍萍，
张劭勇，黄悦等，以及道纪法师，道航法师，
自晖法师，天了法师，
魏高杰道长，韩崇平道长，王崇懿道长等，
感恩诸位友人对本书的热情帮助。